BCNSLCTD
Barcelona Designers

Editor, concept and project director
Josep Maria Minguet

Co-autor
Miquel Abellán

Art director / Director de Arte
Design and layout / Diseño y maquetación
Miquel Abellán

Translation / Traducción
Babyl Traducciones

INSTITUTO MONSA DE EDICIONES
Gravina, 43
Sant Adrià del Besòs
(08930) Barcelona
Tel. +34 93 381 00 50
Fax +34 93 381 00 93
monsa@monsa.com
www.monsa.com

Visit our official online store!
www.monsashop.com

ISBN 978-84-15829-09-6
D.L. B-5033-2013

BCNSLCTD
Barcelona Designers

monsa

BCNSLCTD
Barcelona Designers

Barcelona SELECTED

In Barcelona, a city historically associated with design, exists a vast creative activity in the world of graphic and visual communication and where graphic design is an outstanding visual actor in continuous evolution.
Such activity, of large diversity, forms a setting for a genuine graphic boiling point, where renowned and young designers, through the use of different languages feed off each other, enabling them to improve their visual speech and create their own style.
Barcelona is a cultural model, with great potential for creativity and innovation, with its unique personality and a high value for graphic culture.
In BCNSLCTD (Barcelona Selected), we have collected a selection of the best studios and designs, linked to this city, the design capital on the current scene, compiling a large variety of Branding, Visual Identity, Packaging and Typography projects.

En Barcelona, ciudad históricamente ligada al diseño, existe una enorme actividad creativa en el mundo de la comunicación gráfica y visual, y en la que el diseño gráfico es un actor visual relevante en continua evolución.
Dicha actividad, de gran diversidad, configura un marco de auténtica ebullición gráfica, donde diseñadores consagrados y jóvenes, utilizando diferentes lenguajes se retroalimentan, haciéndoles mejorar su discurso visual y crear estilos propios.
Barcelona es un referente cultural, con un gran potencial en creatividad e innovación, con personalidad propia y un elevado valor en cultura gráfica.
En BCNSLCTD (Barcelona Selected), hemos reunido una selección de los mejores estudios y diseños, vinculados a esta ciudad, capital del diseño en el panorama actual, recogiendo una gran variedad de proyectos de Branding, Identidad Visual, Packaging y Tipografía.

INDEX

M BARCELONA

m-m.es

Marion Dönneweg + Merche Alcalá
What are a graphic designer and architect doing together? After many years of working in our own discipline, we decided to join forces at the end of 2006 (initially and for a year and half, Mireia Roda, also a graphic designer) to test a new formula. Because we are convinced that if you jointly think of a project from conception, the result will certainly be something coherent where one discipline builds on the other. Imagine what an architect views in a container or a graphic designer, on a wall. If John Doe does the interior design and Jill does the design, surely each person will work in a different direction. Chances are they won't disturb each other (in the best case scenario), but it is not unlikely that they complement each other, and even less that they work jointly to achieve a brand that "speaks" in any of their manifestations with a unique voice and coherence.
The famous word "branding" for us is nothing more than a clear speech, personality and a lot of common sense. We attempt to always have the consumers emotionally connect with the brand and, that is not accomplished by simply decorating a space with a logo and corporate colors, but rather it requires languages that are much more subtle and intangible. Happy Pills was our first project that we could apply this formula and it was a success that it went worldwide. With I+Drink we were given 2010 FAD Award for Interior Design, a very difficult award to achieve, and which the judges knew the value of the mixture of disciplines. Although we're happy to work together, not all projects deem it, therefore we also continue to work in each of our disciplines and we love it.

Marion Dönneweg + Merche Alcalá
¿Qué hacen una diseñadora gráfica y una arquitecta juntas?. Después de muchos años trabajando cada una en su disciplina, a finales del 2006 decidimos juntarnos (en esos principios y durante un año y medio estuvo Mireia Roda, también diseñadora gráfica) para probar una fórmula nueva. Porque estamos convencidas que si piensas en un proyecto conjuntamente desde el principio, seguro que sale una cosa coherente en la que una disciplina construye sobre la otra. Imagínate lo que puede ver una arquitecta en un envase o una diseñadora gráfica en una pared. Si el interiorismo lo hace fulanito y el diseño lo hace menganito, seguramente cada uno trabaje en una dirección distinta. Puede que no se molesten (en el mejor de los casos), pero no es muy probable que se complementen, y menos aún que trabajen conjuntamente para conseguir que una marca "hable" en cualquiera de sus manifestaciones con una voz única y coherente.
La famosa palabra "branding" para nosotras no es otra cosa que un discurso claro, personalidad y mucho sentido común. Intentamos que siempre haya una vinculación emocional del cliente con la marca, y eso no se consigue simplemente decorando un espacio con su logotipo o sus colores corporativos, sino que requiere de lenguajes mucho más sutiles e intangibles. Happy Pills fue nuestro primer proyecto en el que pudimos aplicar esta fórmula y fue un éxito que dio la vuelta al mundo. Con I+Drink nos dieron el premio FAD de interiorismo 2010, un premio muy difícil de conseguir, y en el que el jurado supo valorar el mestizaje de disciplinas. Aunque nos entusiasma trabajar juntas, no todos los proyectos lo necesitan, así que también seguimos trabajando cada una en su disciplina, y nos encanta.

EXIT

M BARCELONA
m-m.es

strategy & creativity: Marion Dönneweg, Merche Alcalá
graphic design & illustration: Marion Dönneweg
architecture & industrial design: Merche Alcalá
naming: Jorge Virgós

EYESCREAM

Project Eyescream consisted of development from scratch, including the actual product, a very unique ice cream shop: its product is an ice cream that is imported from Taiwan and is called shaved ice cream. It consists of a project with a certain degree of complexity due to two aspects: on one hand, these kinds of ice cream are unknown in Europe, which implied the job of teaching to overcome the logic of initial mistrust. On the other hand, from a local cuisine and aesthetic criteria, the ice cream itself was unattractive, it was rather ugly: a shapeless mass of ice cream with a whole bunch of sauces and toppings falling on top and by the sides. The ice cream was so ugly... we decided to make it a virtue by producing a creative strategy around this fact. We worked on the product hand in hand with the client, who at all times revealed a receptive and brave attitude and we started a type of "deconstruction," peeling the ice cream's toppings. As a basic creative spin, on that deformed ice cream we placed two eyes of sugar, transforming it into a little monster character that looks into your eyes and immediately gives it life and personality. The effect that some simple eyes achieve is simply incredible.
From that point on, the naming arrived almost by itself: Eyescream, pronounced as ice cream, but it also makes a direct reference to the eyes. We invented a monster and a unique character for each flavor. We developed a very sophisticated packaging but of a simple and cheap structure: a type of tray which encases a container of ice cream and two containers for toppings (marmalades, chocolate syrup, dulce de leche caramel, etc.). Prior to the actual localization, we realized that self-service would be the formula that best suited the product. And, the timing and the very tight budgets would be arguments that would define their scenarios. On the one hand, we built low cost boxes for self-service, focusing only on the consumer's experience. On the other hand, we produced a spray painted façade, created from a sign of great dimensions with "feet," that has the ability to break down into various labels, when it's opened in public. One for external identification and the other, which upon opening internally, acts as an informational label of the product: a magnet for any eyes (the customers', of course).

El proyecto Eyescream ha consistido en desarrollar desde cero, incluso desde el propio producto, una heladería muy singular: su producto es un helado que viene importado de Taiwán y se llama shaved ice cream (helado raspado). Se trata de un proyecto con cierto nivel de complejidad por dos aspectos: por un lado, este tipo de helados son desconocidos en Europa, lo que implicaba un trabajo de pedagogía para superar la lógica desconfianza inicial. Por otro lado, desde el criterio estético y gastronómico local, el helado en sí no era atractivo, si no más bien feo: una masa amorfa de helado con un montón de salsas y toppings cayendo por encima y por los lados. El helado era tan tan feo... que decidimos hacer de ello una virtud creando una estrategia creativa alrededor de este hecho. Trabajamos el producto codo con codo con el cliente, que demostró en todo momento una actitud receptiva y valiente, e iniciamos una especie de "deconstrucción", separando los toppings del helado. Como giro creativo fundamental, a esa montaña de helado deforme le pusimos dos ojos de azúcar, convirtiéndolo en un personaje-monstruito que te mira a los ojos y que le dota inmediatamente de vida y personalidad. El efecto que consiguen unos simples ojos es sencillamente increíble.
A partir de ahí, el naming llegó casi solo: eyescream, que en inglés se pronuncia como ice cream, pero que además hace referencia directa a los ojos. Nos inventamos un monstruito y un carácter propios para cada sabor. Desarrollamos un packaging muy sofisticado pero de construcción muy sencilla y económica: una especie de bandeja en la que encajan el envase del helado y dos envases para los toppings (mermeladas, chocolate líquido, dulce de leche, etc.). Ante la localización real, nos dimos cuenta que el selfservice sería la formula que mejor encajaba con el producto. Y que el timing y presupuestos ajustadísimos serían argumentos que definirían su escenario. Por un lado construimos cajas de madera de bajo coste para el selfservice, concentrando toda la experiencia del consumidor. Por otro lado, organizamos una fachada atomizada, construida a partir de un rótulo de grandes dimensiones con "patas", que tiene la capacidad de descomponerse en varios rótulos, cuando se abre al público. Uno para la identidad exterior y otro, que al abrirse al interior, funciona de rótulo informativo del producto: un imán para cualquier ojo (los de los clientes, claro).

eyescream and FRIENDS

M BARCELONA
m-m.es

eyescream
and
FRIENDS

Pº Joan de Borbó 30
08003 Barcelona
T +34 932 215 310
hello@eyescreamandfriends.com
www.eyescreamandfriends.com

eyescream
and
FRIENDS

M BARCELONA
m-m.es

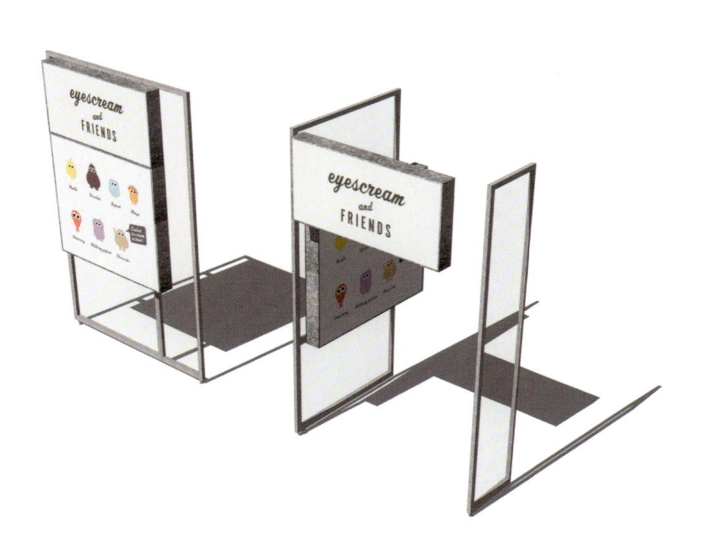

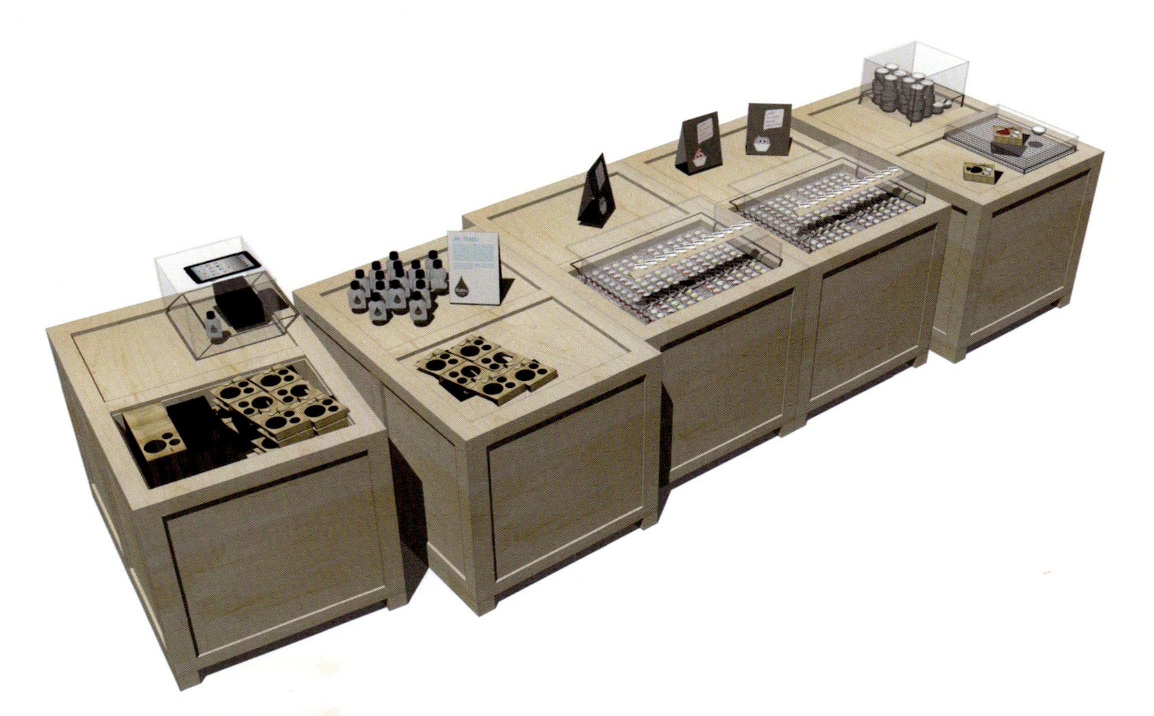

1
VANILLA
STRAWBERRY
CHEESECAKE
YOGHURT
WILDBERRY YOGHURT
CHOCOLATE
MANGO

2

M BARCELONA
m-m.es

M BARCELONA
m-m.es

M BARCELONA
m-m.es

LITTLE BIG KIDS

Little Big Kids is the first bilingual creativity center for children between the ages of six and 11 that just opened in Madrid. Its main objective is to provide the little ones spaces and activities that stimulate their imagination, knowledge, creativity, values and respect for the world that surrounds them. It offers unique and very selective workshops not only in their content, as in their formal aspects: Recycling and the environment, healthy eating, audiovisuals (television program videos), trip around the world, art and cinema.
We arrived to the conclusion that in the educational universe the most important thing, aside from him conveying knowledge, is to stimulate the wonderful innate curiosity that children possess. Allow them to be to be the ones to ask the questions and allow them to discover the enormous world that surrounds us. A box is a precious metaphor to explain all those small worlds, and by seeing a box a person cannot avoid to ask himself what's inside and want to open it to reveal the mystery.
To discover the world is like opening boxes: Large and small. Red, white, yellow and green. Smooth and rough. Cardboard and wood. Some forgotten. Others found. Some known and others, a surprise (aaah!). Piled, lined or disorganized. Is there an ant, an elephant or milk meringue ice cream inside?. A fire truck, the smell of caramel or a whistle?.

Little Big Kids es el primer centro bilingüe de creatividad para niños de entre seis y once años que acaba de abrir sus puertas en Madrid. Su principal objetivo es proporcionar a los más pequeños espacios y actividades que estimulen su imaginación, el conocimiento, la creatividad, los valores y el respeto por el mundo que les rodea. Se ofrecen talleres originales y muy cuidados tanto en sus contenidos, como en su aspecto formal, en castellano e inglés: reciclaje y medio ambiente, alimentación sana, audiovisuales (rodaje de una programa de televisión), la vuelta al mundo, arte y cine.
Llegamos a la conclusión que en el universo pedagógico lo más importante, a parte de transmitir conocimiento, es estimular esa maravillosa curiosidad innata que tienen los niños. Dejar que sean ellos los que hagan las preguntas y dejarles descubrir el inmenso mundo que nos rodea. Una caja es una metáfora preciosa de explicar todos esos pequeños mundos, y al ver una caja uno no puede evitar preguntarse qué habrá dentro y querer abrirla para desvelar el misterio.
Descubrir el mundo es como abrir cajas: Grandes y pequeñas. Rojas, blancas, amarillas y verdes. Lisas y lasas. De cartón y de madera. Algunas olvidadas. Otras encontradas. Unas conocidas y otras sorpresa (oooh!). En pila, en fila o desordenadas. ¿Habrá dentro una hormiga, un elefante, un helado de leche merengada?.
¿Un coche de bomberos, el olor a caramelo o un silbido?

M BARCELONA
m-m.es

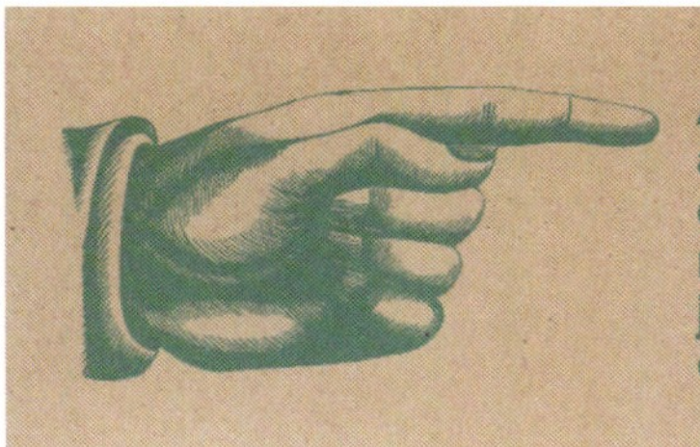

Arte, oooh!, diversidad, acción!, ecología, cine, english, superhéroes, mola, viajar, planeta, jajaja, vitaminas, historia, creatividad.

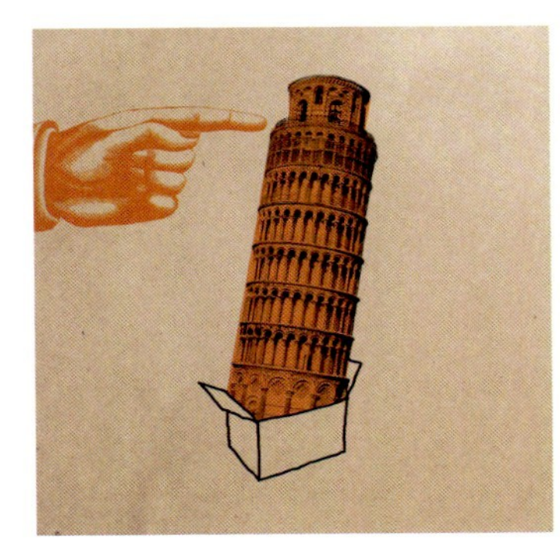

M BARCELONA
m-m.es

MOME

Mome is an orthodontic center that has landed in Pola de Siero, a city of 12,000 inhabitants in Asturias. The design reflects its desire to do things well and to do them courageously. The services offered are illustrated with different metaphors far from the typical code of teeth and smiles, and they give a hint of poetry, humor and closeness.

Mome es un centro de ortodoncia que ha aterrizado en Pola de Siero, una ciudad de 12.000 habitantes en Asturias. El diseño refleja su voluntad de hacer las cosas bien y de hacerlo de forma valiente. Los servicios que ofrece se ilustran con distintas metáforas muy alejadas del típico código de dientes y sonrisas, y le dan una nota de poesía, humor y cercanía.

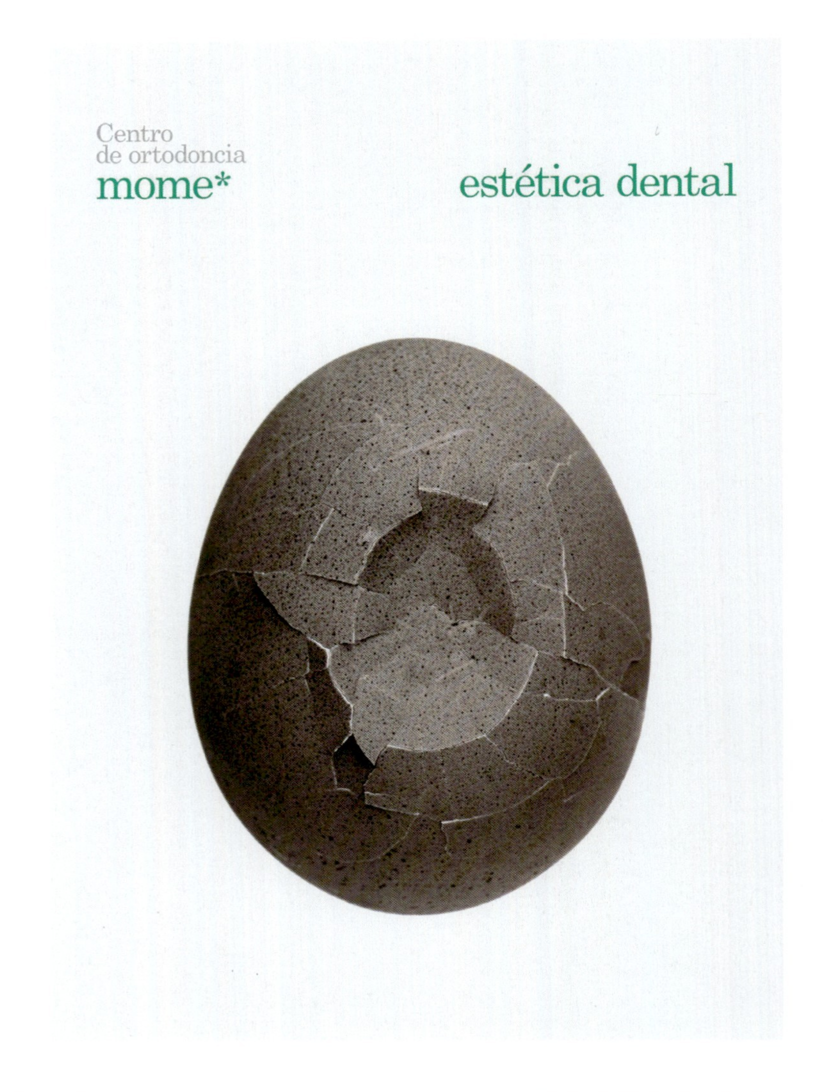

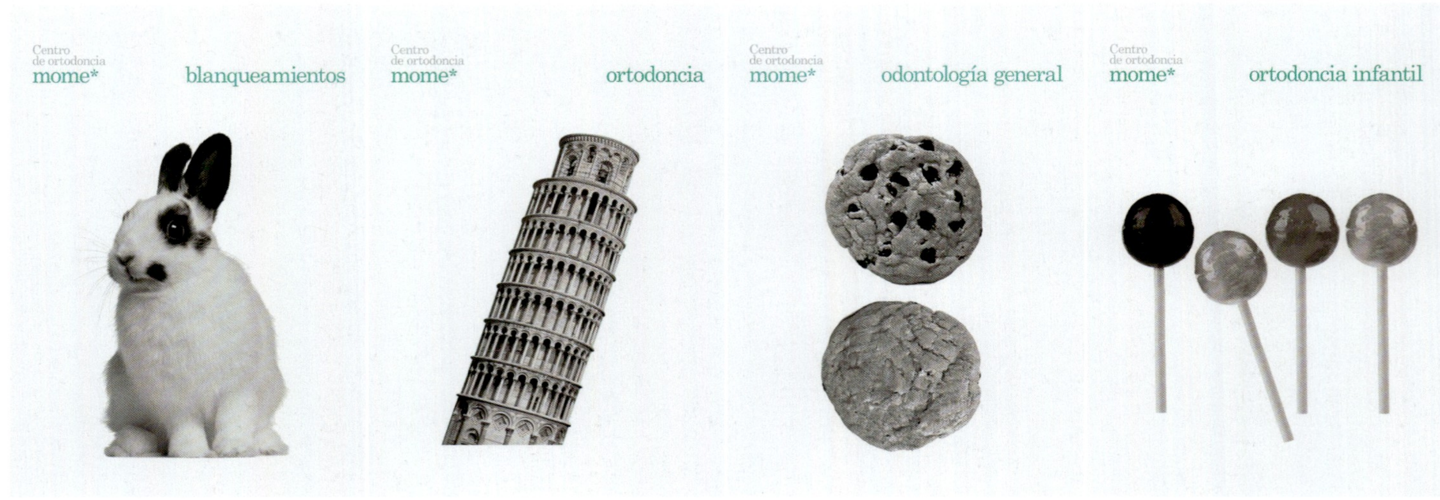

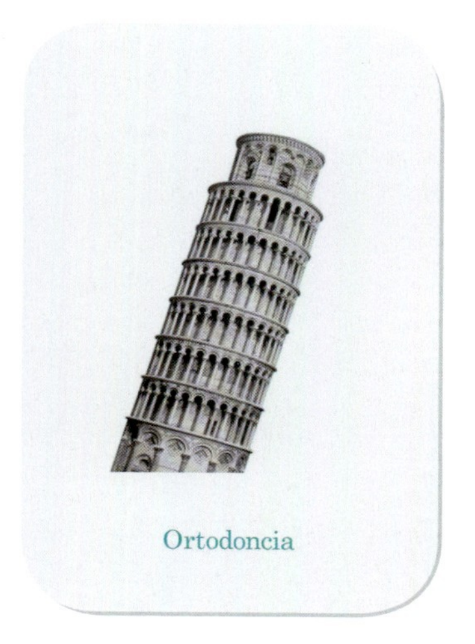

Ortodoncia

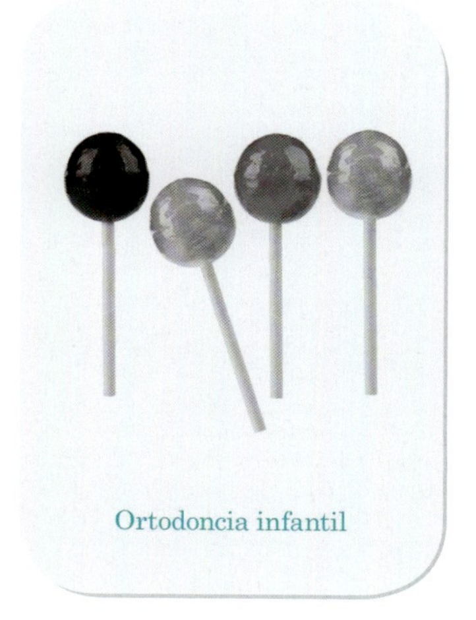

Ortodoncia infantil

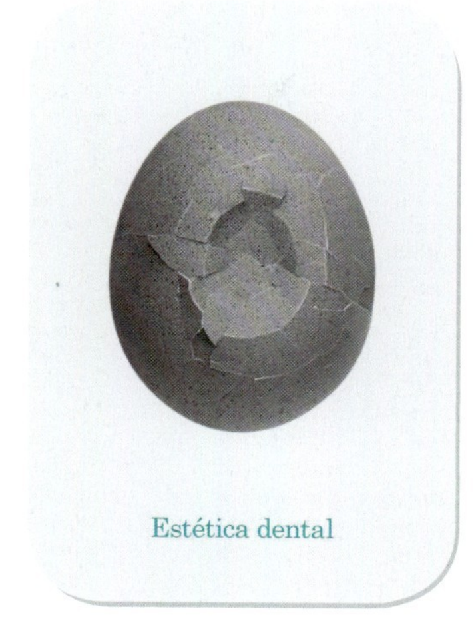

Estética dental

*Montserrat Martínez,
Odontóloga especialista
en Ortodoncia

Ortodoncia para adultos

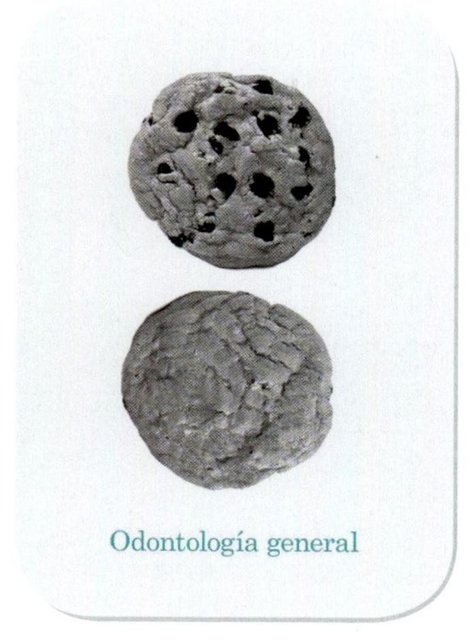

Odontología general

Blanqueamientos

Higiene dental

Implantología

Ortodoncia invisible

LOSIENTO

losiento.net

After starting her career in Industrial Design in the Escola de Disseny Elisava (Barcelona), Borja Martínez moved to London in 1999 to study Graphic Design at the London College of Printing (today, London College of Communication).
During those four years, she combined her studies with part-time work as a designer in Visioncorp studio; in 2004, she returns to Barcelona to work at Gráfica (www.graficadesign.com) and a year later at Basedesign (www.basedesign.com).
In 2005, Borja Martínez establishes a sole practice studio Lo Siento (Lo Siento Estudio), where she starts to develop diverse design projects and art management for clients like Sandro Desii (Italian manufacturer of pasta y helados), The Pinker Tones (Electronic Music Group), Txoco (cuisine), Roca (bathrooms), El Bulli (cuisine), Macaco (musician) or Easyled (Lighting Company). In 2010, Lo Siento received the Grand Laus award from the FAD (Fomento de las Artes Decorativas).
Today, Lo Siento consists of a team of five professionals and continues working on projects in the field of corporate design, packaging, publishing houses and also on personal projects.
The studio is very interested in dealing completely with identity projects. The most characteristic feature of Lo Siento's work is its physical and material closeness to the graphic solutions, producing as a result a design where the graphical and industrial coexist, in a constant search of alliances with the traditional process.

Tras iniciar su carrera en Diseño Industrial en la Escola de Disseny Elisava (Barcelona), Borja Martínez se mudó a Londres en 1999 para estudiar Diseño Gráfico en el London College of Printing (hoy, London College of Communication).
Durante esos cuatro años, compaginó sus estudios con un trabajo a media jornada como diseñador en el estudio Visioncorp; en 2004, vuelve a Barcelona para trabajar en Gráfica (www.graficadesign.com) y un año más tarde, en Basedesign (www.basedesign.com) a media jornada.
En 2005, Borja Martínez funda en solitario el estudio LoSiento, desde donde empieza a desarrollar diversos proyectos de diseño y dirección de arte para clientes como Sandro Desii (fabricante italiano de pasta y helados), The Pinker Tones (grupo de música electrónica), Txoco (gastronomía), Roca (sanitarios), El Bulli (gastronomía), Macaco (músico) o Easyled (empresa de iluminación). En 2010, LoSiento es galardonado por el FAD (Fomento de las Artes Decorativas) con el premio Grand Laus.
Hoy en día, Lo Siento está compuesto por un equipo de cinco profesionales y continúa trabajando en proyectos en los campos del diseño corporativo, packaging, editorial y también realizando proyectos personales.
El estudio está especialmente interesado en abordar íntegramente los proyectos de identidad. El rasgo más característico del trabajo de Lo Siento es su aproximación física y material a las soluciones gráficas, dando como resultado un diseño en el que lo gráfico y lo industrial conviven, en una constante búsqueda de alianzas con los procesos artesanales.

W
S
B

LOSIENTO
losiento.net

designer: Borja Martínez
photographer: Ferran Izquierdo

LED A PORTER

For this company of LED lighting, a series of letters "drawn" by light produced by a pvc bar that contained RGB LEDS. In this way and with a long photographic exposure all the alphabetical letters were drawn.

Para esta empresa de iluminación led se produjeron una serie de letras "dibujadas" por la luz producida por una barra de pvc que contenia leds en RGB. De esta forma y con una larga exposición fotográfica se dibujaron todas las letras del abecedario.

LOSIENTO
losiento.net

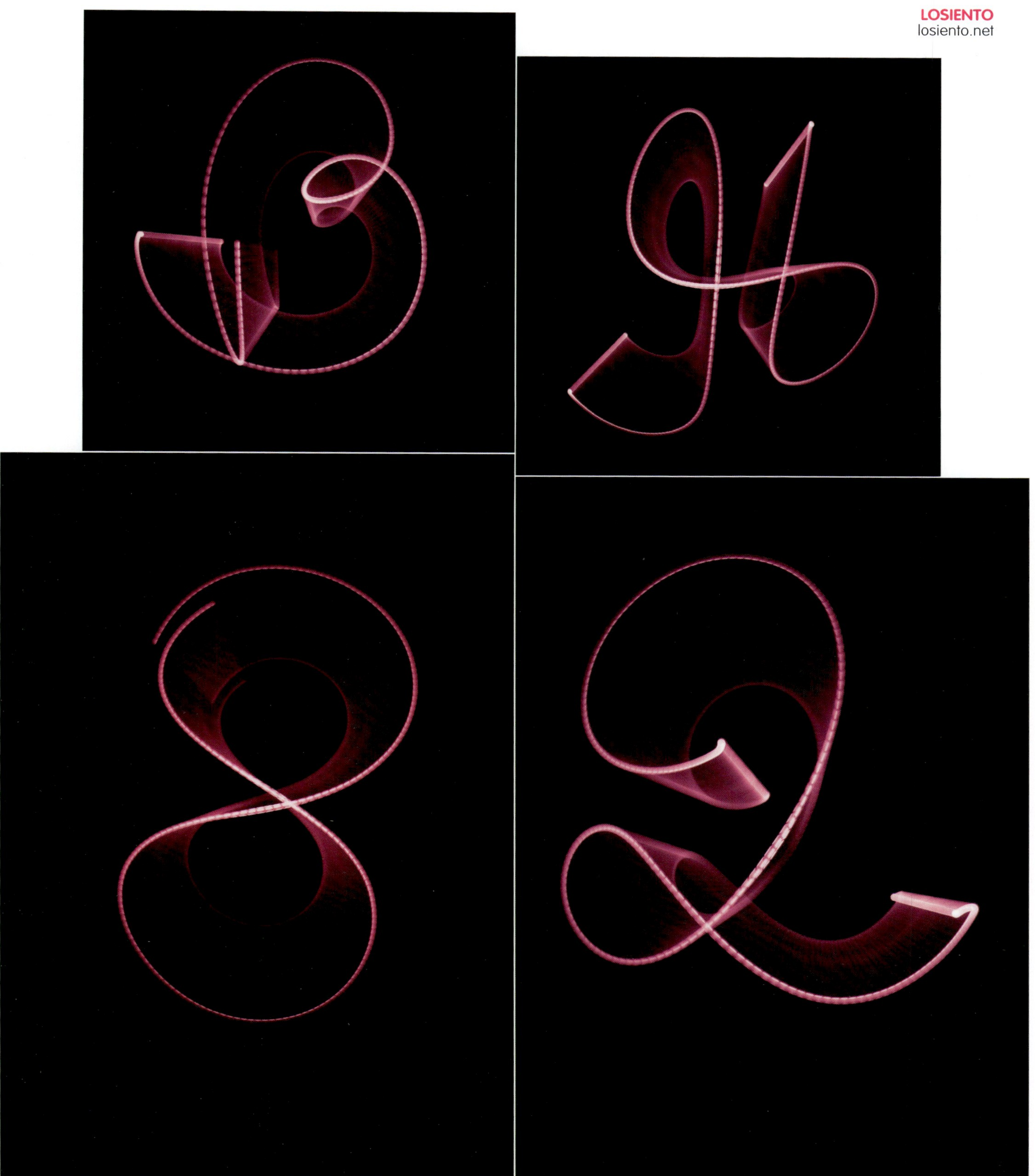

LOSIENTO
losiento.net

designer: Borja Martínez
photography: Diaz Wichmann
diazwichmann.com

SANDRO DESII

Branding and packaging for an Italian manufacturer of pasta and ice cream. The design focuses on creating a system of identification that assists the producer as well as the customer locate, catalog and organize the different company products by a number and color. A family of 20 packs of pasta and 20 packs of ice cream and sorbets was designed.

Identidad de la marca y diseño del packaging para un fabricante de pasta y helados italiano. El diseño se centra en crear un sistema de identidad que ayude tanto al productor como al cliente a localizar, catalogar y organizar los diferentes productos de la compañía a través de un número y un color. Se diseñó una familia de veinte packs de pasta y veinte packs de helado y sorbetes.

LOSIENTO
losiento.net

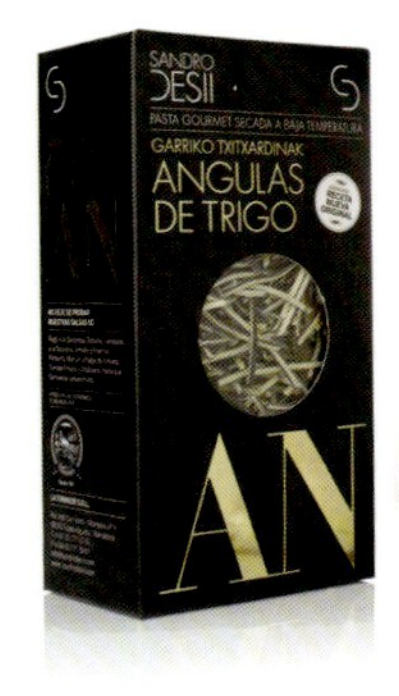

LOSIENTO
losiento.net

designer: Borja Martínez
photography: Diaz Wichmann
diazwichmann.com

SANDRO DESII

LOSIENTO
losiento.net

LOSIENTO
losiento.net

designer: Borja Martínez
photography: Diaz Wichmann
diazwichmann.com

SANDRO DESII

LOSIENTO
losiento.net

LOSIENTO
losiento.net

designer: Borja Martínez

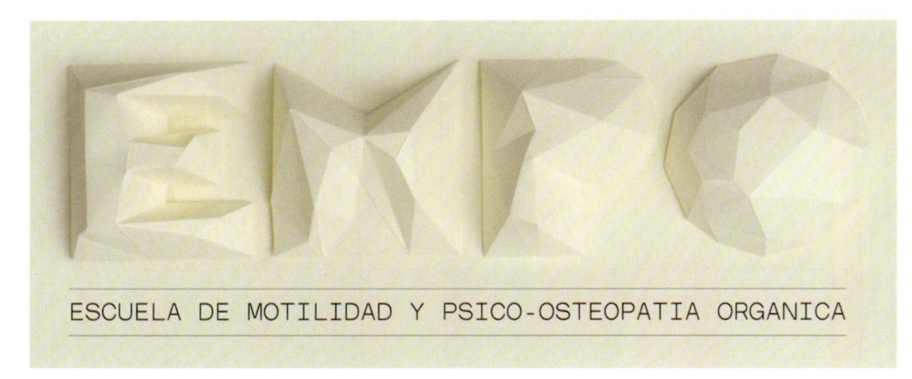

LOSIENTO
losiento.net

EMPO

Identity graphic design for EMPO, psycho-osteopathic school and office. This project of identity graphic design grasps the human body and its parts as a starting point. To complete the identity, we developed a unique alphabet for the project: Its construction seeks a reminder of the body. The organs and the fonts are created on colored cardboards.

Diseño gráfico de identidad de EMPO, una escuela y oficina de psico-osteopatía. Este proyecto de diseño gráfico de identidad coge el cuerpo humano y sus partes como punto de partida. Para completar la identidad, desarrollamos un alfabeto exclusivo para el proyecto: Su construcción busca un recuerdo a lo orgánico.
Los órganos humanos y la tipografía están construidos en cartulina de colores.

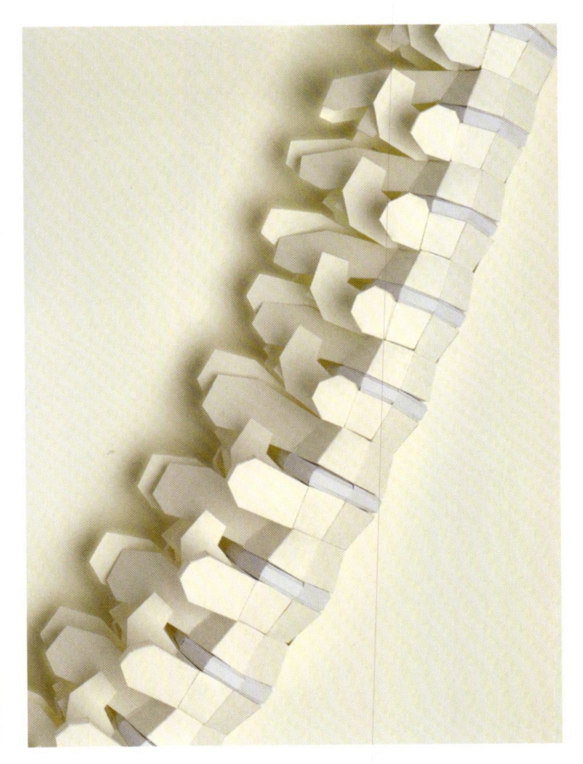

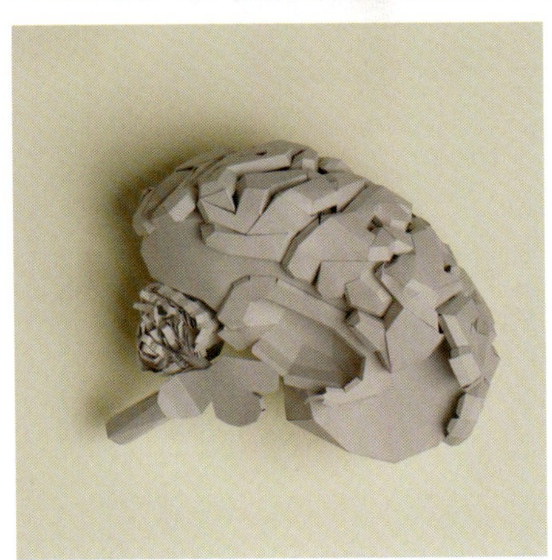

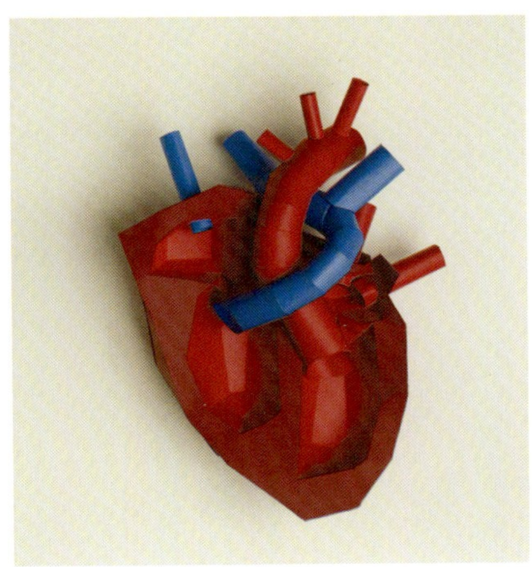

LOSIENTO
losiento.net

designer: Borja Martínez

VILA FLORIDA

This bar restaurant is located inside a Civic Center with a garden, so the image attempts to capture this atmosphere through botanical elements and a brilliant green as the unique color. The product conveys originality and naturalness.

Este bar restaurante está ubicado dentro de un centro cívico con un jardín, así pues la imagen pretende buscar esta atmosfera mediante elementos botánicos y un verde brillante como único color, el resultado transmite frescura y naturalidad.

LOSIENTO
losiento.net

PRINCIPAL ART

Graphic identity for a contemporary art gallery in Barcelona.

Identidad gráfica para una galería de arte contemporáneo en Barcelona.

LOSIENTO
losiento.net

designer: Borja Martínez

+81 MAGAZINE

Graphic piece for the cover of the Japanese visual communication magazine: +81. The summer 2011 edition was about "Next Creativity," it's because of them, we proposed to create typographic lettering using bubble wrap and injecting blue dye colored water. Bubble wrap has a net that invites writing on it concrete messages just by using a needle as a drawing instrument.

Pieza gráfica para la portada de la revista japonesa de comunicación visual: +81. La edición de verano 2011 era sobre "Next creativity" es por ellos que propusimos crear un lettering tipográfico mediante el uso del papel de burbuja e inyectando agua con colorante azul.
El papel burbuja tiene una retícula que invita a componer en ella mensajes concretos solo con el uso de una jeringuilla como instrumento de dibujo.

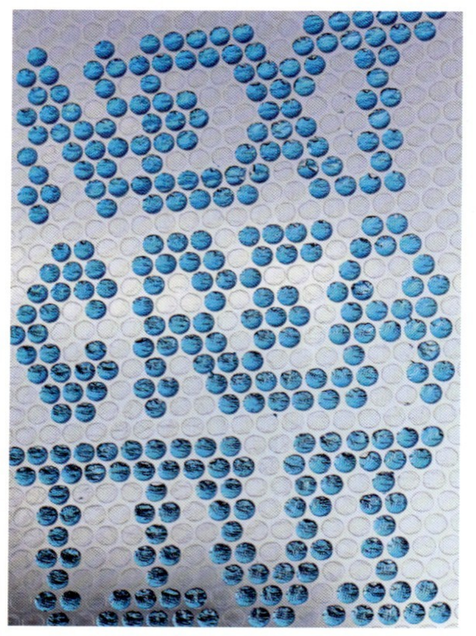

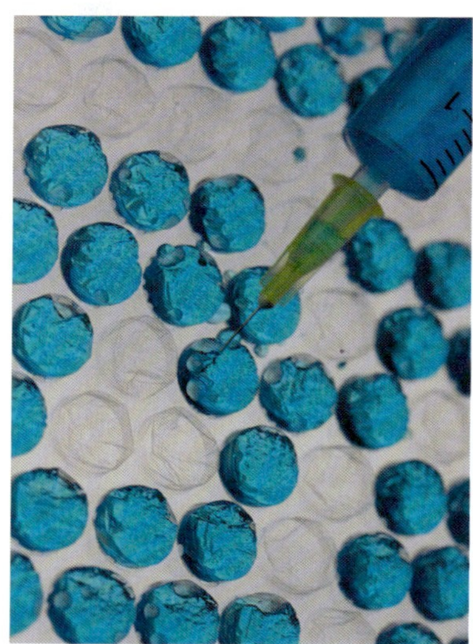

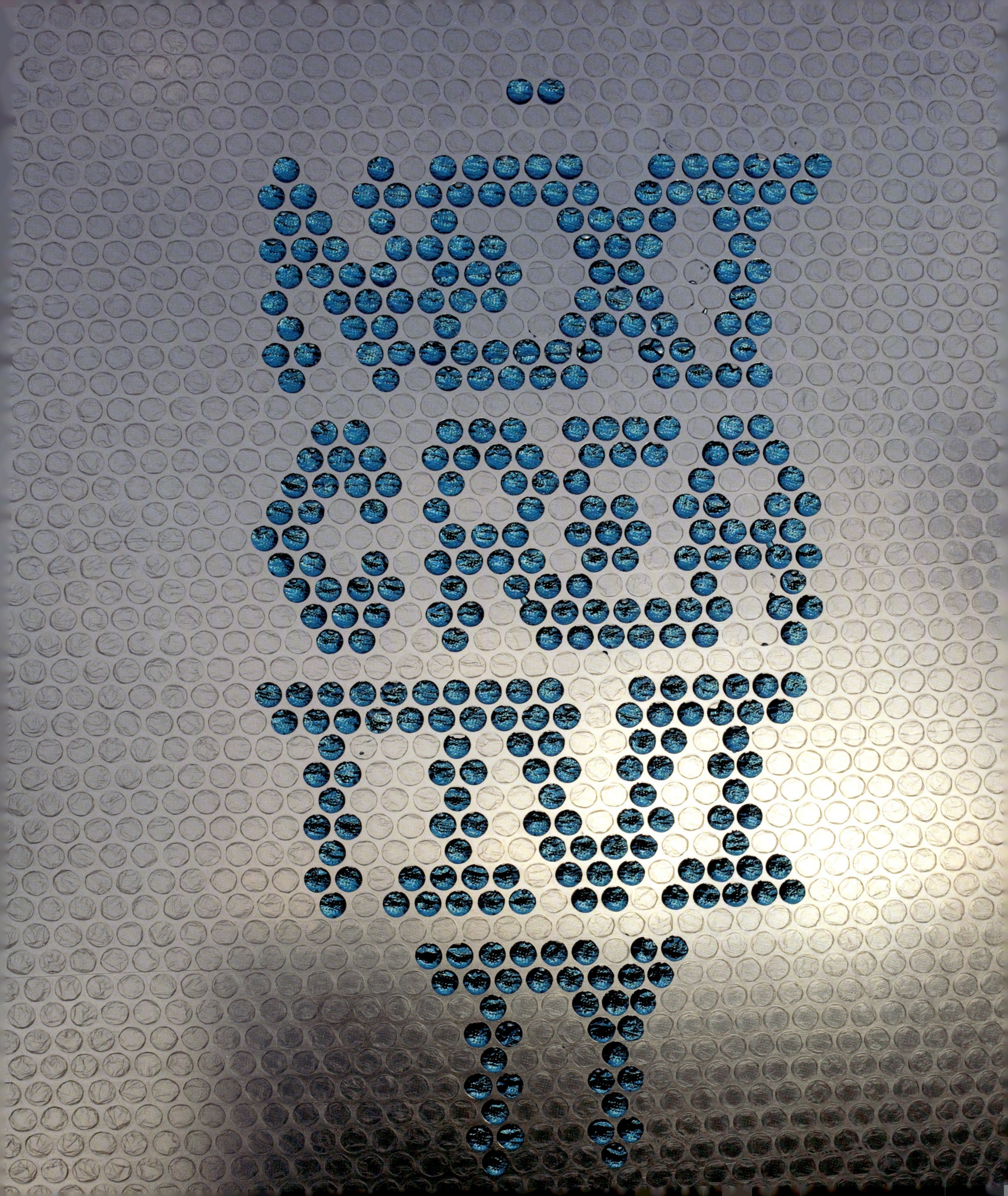

LOSIENTO
losiento.net

designer: Borja Martínez
photography: Diaz Wichmann
diazwichmann.com

THE PRIVATE SPACE

Art management and complete design for The Private Space in Barcelona. The identity is based on the idea of "space", creating an abstract form with the words that create the name of the firm.
The Private Space is the meeting point for art and design lovers. Over 400 square meters with a gallery of exhibits, a shop and a cafeteria, a publishing house, and printer of the latest technology. An open space for literature, photography, music, illustration, style and design and audiovisuals.

Dirección artística y diseño integral para The Private Space en Barcelona. La identidad se basa en la idea de "espacio", creando una forma abstracta con las palabras que forman el nombre de la empresa.
The Private Space es un punto de encuentro para amantes del arte y el diseño. Mas de 400 metros cuadrados con una galería de exposiciones, una tienda y una cafetería, una editorial y una imprenta de última generación.
Un espacio abierto para la literatura, fotografía, música, ilustración, moda y diseño y audiovisual.

LOSIENTO
losiento.net

THE
PRIVATE
SPACE

THE
PRIVATE
SPACE
GARDEN

THE
PRIVATE
SPACE
GALLERY

THE
PRIVATE
SPACE
BOOKS

THE
PRIVATE
SPACE
SHOP

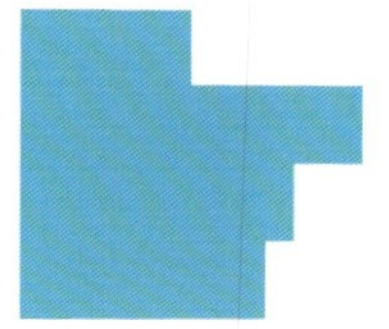

THE
PRIVATE
SPACE
PRINTS

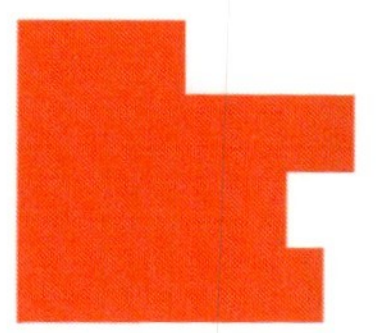

THE
PRIVATE
SPACE
CAFE

LOSIENTO
losiento.net

designer: Borja Martínez

COLORS THE FILM

Proyecto Colors, hired for the movie from the Spanish Director Sergio Piera. The story is based on seven scenes, seven colors, seven humans that will be the trigger of change for two normal lives. Each of the seven characters that appear in the movie has a name of a color, which brings us to the conception of the design. The product wishes to convey the defragmentation of the characters by using the pressed pigments in water colors.

Proyecto Colors, encargado para la película del director español Sergio Piera. La historia se basa en siete chacras, siete colores, siete seres humanos que serán el detonante del cambio para dos vidas normales. Cada uno de los siete personajes que aparecen en la película tiene el nombre de un color, lo que nos lleva al origen del diseño. El resultado quiere transmitir la desfragmentación de los personajes a través del uso del pigmento comprimido en forma de acuarela.

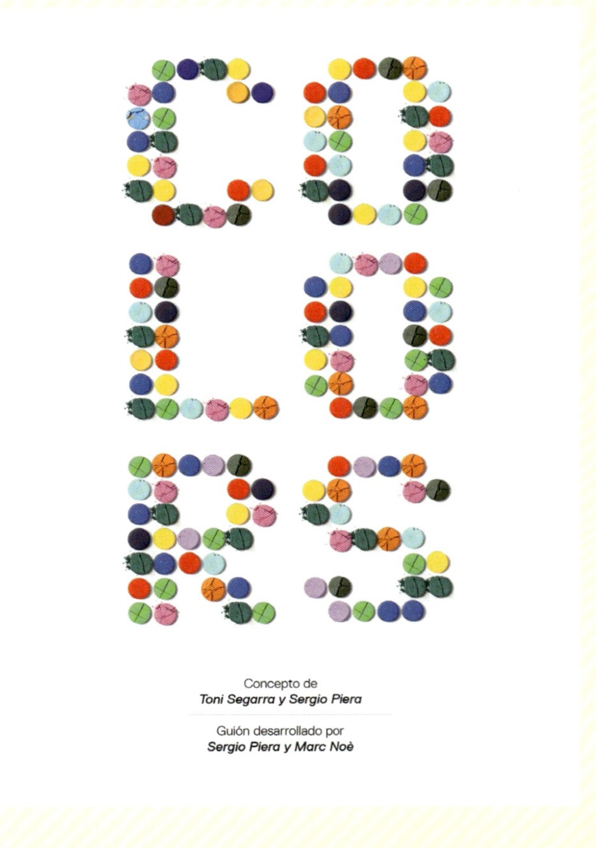

LOSIENTO
losiento.net

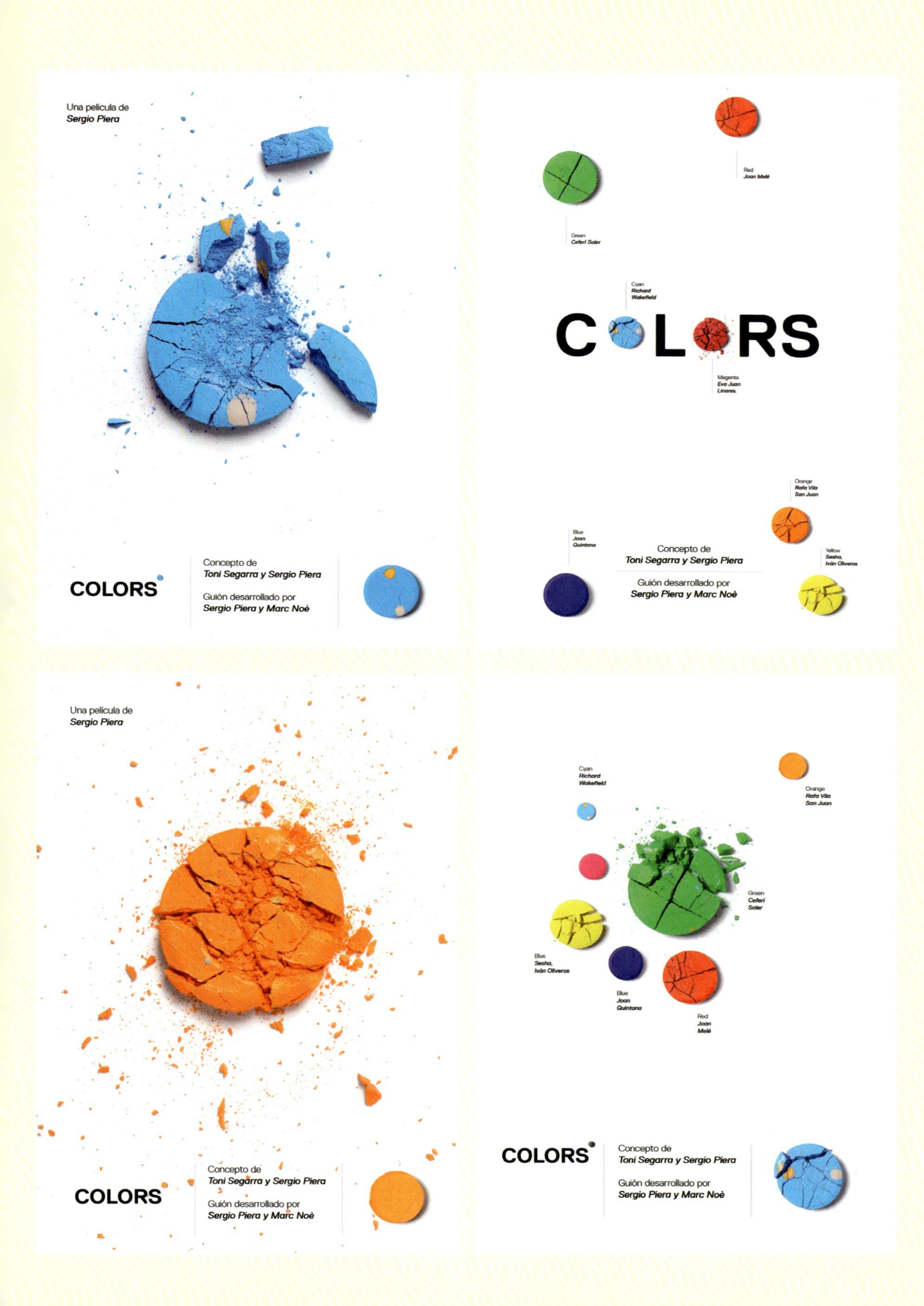

PATI NÚÑEZ ASSOCIATS

patinunez.com

We are a small company since 1985 specialized in graphic design, corporate identity and packaging.
We believe that design is communication, because of that we always start from a concept which we develop into a graphic set, a line of long lasting communication. We avoid fashion to achieve more longevity in the graphic style. We also believe that design can help build a better world, a life that is fair and sustainable. That is why we want to get involved in those projects or products conceived with proper ecological and social conscience.

Desde 1985, somos una pequeña empresa especializada en diseño gráfico, identidad corporativa y packaging.
Creemos que el diseño es comunicación, por eso siempre partimos de un concepto sobre el cual desarrollamos un juego gráfico, una línea de comunicación perdurable. Intentamos evitar las modas para conseguir mayor longevidad en el estilo gráfico.
También creemos que el diseño puede ayudar a construir un mundo mejor, una vida más justa y sostenible para todos. Por eso queremos involucrarnos en aquellos proyectos o productos concebidos con la debida conciencia social y ecológica.

DINTELOORDSTRAAT
WIJK 23
PROHIBIDO
FUMAR

GOODBYE
PESETA
VINÇON
VINÇON

PATI NÚÑEZ ASSOCIATS

patinunez.com

designer: Pati Núñez
photographer: Artur Muñoz

FUENSANTA

The mission here consisted of coming up with three designs to print on 75 cl. glass bottles, specially designed for the hotel and catering industry and gourmet shops.
The aim was to establish Fuensanta amongst designer waters and to reach out to more 'chic' establishments.
The origins of Fuensanta are associated with Asturian nature and, given that this was what they wanted to put across, an attempt has been made to imitate the action of Mother Nature, imagining what would happen to a bottle of water if it were left in the midst of a leafy green spot: the vegetation would wrap itself all around the bottle.
This is the first of what is to be a series of designs, screen printed in three colours, two shades of green and white for the typography.

El encargo constaba de una serie de tres diseños para estampar sobre botella de cristal de 75 cl. destinada a clientes de hostelería y tiendas gourmet.
El objetivo es posicionar Fuensanta en el mundo de las aguas de diseño y llegar a puntos de venta más chic.
El origen de Fuensanta está asociado a la naturaleza asturiana y dado que eso es lo que se quería comunicar, se probó a imitar la acción de la madre naturaleza, imaginando qué le pasaría a una botella de agua si se dejase en medio de un paraje frondoso: la vegetación rodearía la botella.
Este es el primer diseño de la serie, serigrafiado en tres colores, dos tonos de verde y blanco para la tipografía.

PATI NÚÑEZ ASSOCIATS
patinunez.com

PATI NÚÑEZ ASSOCIATS
patinunez.com

MAGRIT

MAGRIT

Magrit shoes have always been seen as flowers: bold, sensual, colorful, presumptuous… they're like the flowers on the plants: their weapons of seduction. And they are story shoes.
Photographic images of petals were placed on their boxes, to obtain imaginary flowers, different from real flowers. The background is white, like light. The bases and interiors of the boxes are made of bold and warm colors that explain the philosophy of their brand: eternal spring.

Siempre se han visto los zapatos de Magrit como flores: osados, sensuales, coloridos, presumidos... son como las flores para las plantas: sus armas de seducción. Y son zapatos de cuento.
Se pusieron en sus cajas imágenes fotográficas de pétalos, para obtener flores imaginarias, diferentes de las flores reales. El fondo es blanco, como la luz. Las bases e interiores de las cajas son de colores vivos y cálidos que explican su filosofía de marca: una eterna primavera.

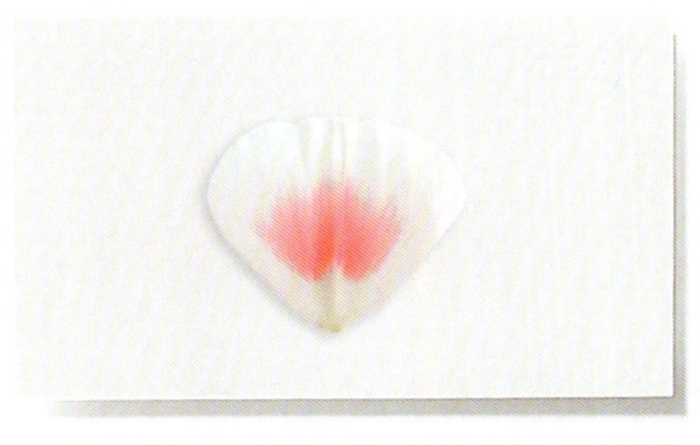

PATI NÚÑEZ ASSOCIATS
patinunez.com

PATI NÚÑEZ ASSOCIATS
patinunez.com

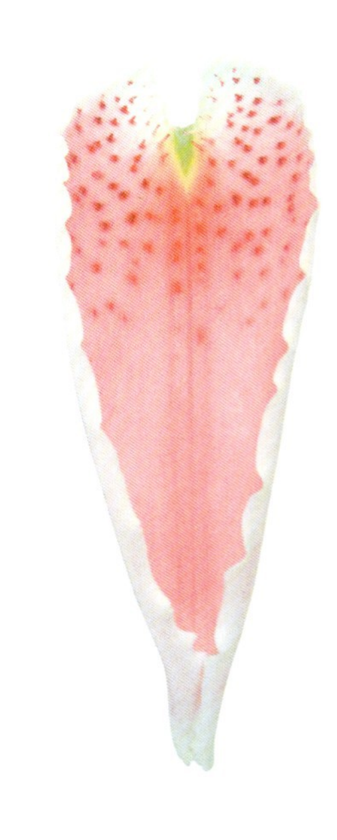

PATI NÚÑEZ ASSOCIATS
patinunez.com

PATI NÚÑEZ ASSOCIATS

patinunez.com

MONOGOTAS

A collection of fragrances for teenagers with the aromas based on fruits and desserts. The briefing from RNB Cosméticos, stated: "These days, the ideal perfume is a scent which combines seductive charm with innocence, such as the smell of our favourite fruit, that exquisite dessert or even the smell of clean clothing, sweet scents reminiscent of childhood". The words "innocence and seduction" have been taken as key concepts for the project's development. A standard glass bottle has been selected, rather like traditional pharmacy bottles, easily identified and unsophisticated, in keeping with teenager's language. The labels are printed on transparent adhesive material. The matt white background depicts a blonde at the bottom (innocence, dessert, clean clothing). The text corresponding to the scent is transparent, allowing the coloured fragrance to be seen. The "Monogotas" logo is stamped onto the "mirror" (seduction), matching the tall shiny aluminium stopper. The typography is also suitably teenager-friendly: Black Helvetica cuts up the words to raise the tone of the phrase, effectively converting the text into an exclamation.

Colección de fragancias para adolescentes, basada en aromas de frutas y postres. El briefing de RNB Cosméticos, decía: "En esos años, el perfume ideal es un aroma que combine la seducción con la inocencia, como el olor de la fruta preferida, el postre exquisito o el de la ropa limpia, olores dulzones que evocan aún la niñez". Tomamos las palabras "inocencia y seducción" como conceptos clave para el desarrollo del proyecto. Se escogió una botella de cristal estandard que recuerda los clásicos frascos de farmacia, una forma fácilmente identificable y no sofisticada que encaja con el lenguaje adolescente. Las etiquetas están impresas sobre material adhesivo transparente. El fondo blanco mate reproduce en su base una blonda (inocencia, postre, ropa limpia). Las letras correspondientes al aroma son transparentes, permitiendo la visión de la fragancia coloreada. El logotipo "Monogotas" está impreso en stamping "espejo" (seducción), a juego con el alto tapón de aluminio brillante. La tipografía también está compuesta con frescura adolescente: una Helvética Black trocea las palabras para elevar el tono de la locución, convirtiendo el texto en una exclamación.

PATI NÚÑEZ ASSOCIATS
patinunez.com

photographer: Alexis Taulé

LOCIONES CORPORALES Y BÁLSAMOS LABIALES

For the lotions we chose a standard shaped and soft bottle, following the concept of "innocence" that guided us in the design of the fragrances.
The Monogotas assortment is based on food scents, fruits or desserts and the lotion's label have a larger size, since there was enough space to introduce "allure" photographically as it were a yogurt or a beverage. For the lip balms we did not have much leeway, the budget was very tight and the container very small, which we couldn't affix a photo nor a logo stamp.

Para las lociones escogimos una botella standard de formas y tacto suaves, siguiendo el concepto "inocencia" que nos guió en el diseño de las fragancias. La gama Monogotas se basa en aromas comestibles, de frutas o postres, y la etiqueta de las lociones tiene un tamaño superior, por lo que había espacio suficiente para introducir el factor "apetitosidad" a través de una foto, como si se tratara de un yogur o un refresco. Para los bálsamos labiales no tuvimos tantas facilidades, los costes eran muy ajustados y el envase muy pequeño, por lo que no pudimos aplicar foto ni stamping en el logotipo.

mucho.ws

Mucho is a visual communications and graphics studio. Its work consists in disciplines such as art direction, strategic and corporate identity, editorial design, packaging, graphic communications, digital design and motion graphics.

Mucho values the visual ambition of projects as much as the commercial will, and considers excellence its permanent objective. Ideas are at each project's heart and all work is done with the intention of it being unique, with a constant effort to avoid repetitive formulas.

Mucho's singularity and diversion, and the sum of different partners offers a rich variety of solutions and a wide space for critical shared thoughts. The closeness between the partners and their clients is indispensable and the know-how of the clients is basic for the construction of the projects.

Marc Català and Pablo Juncadella founded Mucho in 2003 after been working in Grafica (Madrid/Barcelona) and Pentagram (London). Between 2003 and 2005 they combined the work with the creative direction for the British newspaper The Observer.

In September 2010 Tilman Solé joins the studio - after working 10 years at Summa (6 as creative director) and starting Hey!Studio with Verónica Fuertes - leading his own team in Mucho. In his previous phase, he was responsible for the redesign of RTVE's corporate identity, as well as Barcelona Televisión, Derbi and the signage of Adif's stations.

Mucho's eclectic drive and interest in experimentation has also led it to work with small clients (Xocoa, Demano, Demasié, Boolab) and multinationals (Carolina Herrera, BMW, Random House Mondadori, Hachette Filipacci, W Hotels, Philip Morris), collaborate with cultural institutions (Museo Nacional Centro de Arte Reina Sofia, Monumenta, Redesearte Paz) and produce projects in a number of different cities, including Berlin, London, Barcelona, Paris, Madrid, Milan and Mexico City.

Mucho's partners have been professors at academic instutions such as Eina, Idep and Elisava as well as giving various specialised workshops, teaching Master's-level courses and holding presentations at various design forums.

Mucho's work has received wide recognition from the design community, earning 1 Yellow Pecil D&AD, 12 Laus Trophies, 2 Gran Laus, 3 Silver Art Directors Club of Europe Awards, 1 Silver and 1 Bronze Art Directors Club Mentions (New York) and the Award for the Best Editorial Supplement of the Year by the Magazine Design Awards.

Mucho es un estudio dedicado a la comunicación gráfica y visual. Su trabajo se concentra en las disciplinas de dirección de arte, estrategia e identidad corporativa, diseño editorial, packaging, publicidad gráfica, diseño digital o motion graphics.

Mucho valora la ambición visual de los proyectos tanto como su voluntad comercial, y considera la excelencia su objetivo permanente. Las ideas están en el corazón del proyecto, y cada trabajo se realiza con la intención de que sea único, en un esfuerzo constante por evitar las fórmulas o la repetición.

Mucho potencia la singularidad y la diversidad de las distintas voces que lo forman, pues la suma de distintos socios ofrece una variedad más rica de soluciones, y abre un espacio para un pensamiento crítico compartido.

Marc Català y Pablo Juncadella fundaron Mucho en 2003 tras haber trabajado en Grafica (Madrid / Barcelona) y Pentagram (Londres). Entre 2003 y 2005 compaginaron el trabajo proyectual con la dirección de arte del periódico británico The Observer.

En septiembre de 2010 Tilman Solé se incorporó al estudio. Tras trabajar 10 años en Summa e iniciar con Verónica Fuertes el proyecto de Hey!Studio pasó a liderar un equipo propio dentro de Mucho. En su etapa anterior se responsabilizó del rediseño de la identidad corporativa de RTVE, Barcelona Televisión o Derbi, o el sistema de señalización de las estaciones de Adif.

El interés por la experimentación y la vocación ecléctica de Mucho permite trabajar con clientes pequeños (Xocoa, Demano, Demasié, Boolab o Biosca & Botey) y multinacionales (Carolina Herrera, BMW, Random House Mondadori, Hachette Filipacchi, W Hotels o Philip Morris), colaborar con instituciones culturales (Museo Nacional Centro de Arte Reina Sofía, Monumenta, Redesearte Paz) y producir proyectos en diferentes ciudades, incluyendo Londres, Barcelona, París, Madrid, Milán o Méjico DF.

Los socios de Mucho mantienen una voluntad docente, impartiendo clases en Eina, Idep y Elisava, además de ofrecer workshops, clases en masters y conferencias en distintos foros de diseño.

Mucho ha recibido un amplio reconocimiento a su trabajo por parte de la comunidad creativa, consiguiendo 1 Yellow Pencil D&AD, 12 Trofeos Laus, 2 Gran Laus, 3 Platas del Art Directors Club of Europe, 1 Plata y 1 Bronce del Art Directors Club de Nueva York y el premio Best Editorial Supplement of the Year de The Magazine Design Awards.

MUCHO
mucho.ws

designers:
Marc Català
Pablo Juncadella
Tilman Solé

GILD INTERNATIONAL

Gild hired us to help them become the international reference networking club in Barcelona. We decided to add "international" on the logo and create a baseline "The Club for Networking, Barcelona," to place the club as unique in this segment. The hexagon is an omnipresent shape in Barcelonan architecture and represents the city and networking. The innovation and connection are symbolized in the colors and the manner the hexagon is represented. The building of the club is the heart of the organization, the symbol and the values of the firm are integrated on the walls to always be subtly and elegantly present. The stationery was selected with special care, since it usually is the first element that provides visibility of the organization. The color choice and feel of the paper, different methods of finishes and print, creases of the folder, were the keys in developing the product.

Gild nos contrató para que les ayudáramos a convertirse en el club de referencia internacional de networking en Barcelona. Decidimos añadir el "international" al logotipo y crear el baseline "The Club for Networking, Barcelona", para posicionar al club como único en este segmento. El hexágono es una forma omipresente en la arquitectura Barcelonesa y representa a la ciudad y al networking. La innovación y conexión se simbolizan en los colores y en la manera de representar el hexágono. El edificio del club es el corazón de la organización y el símbolo y los valores de la empresa se integraron en las paredes para estar siempre presentes de una manera sutil y elegante. La papelería se cuidó con especial atención ya que suele ser el primer elemento que da visibilidad a una organización. La elección del color y tacto del papel, los diferentes acabados y métodos de impresión, los pliegues de la carpeta, fueron claves para dar con el resultado.

MUCHO
mucho.ws

MUCHO
mucho.ws

designers:
Marc Català
Pablo Juncadella
Tilman Solé

MUCHO
mucho.ws

BUENAS MIGAS

Buenas Migas is a chain of quality fast food restaurants, which mixes Genovese cuisine and Cornualles desserts and tarts producing as a result simple, fresh, healthy and savory dishes at affordable prices. Its distinctive value with respect to its competitors is the high quality of their products, the result of the old-fashioned attitude towards their work. Upon producing a whole new line of packs, the customer requirements was to express product freshness and the traditional method the dishes were prepared. The idea is simple: Everything they make is handmade, therefore all the labels drawn by hand as well. The beer, jellies, juices labels and also the take out items such as bags, envelopes and cops, have all been drawn by hand, including be font display for the names of the products. The watercolor illustration was worked on to acquire a figurative product that kept at the same time the plasticity of the technique and connected with the hand painted titles The type and graphic painted is based on a very businesslike font, Futura Condensed Bold, that was chosen to complement this traditional view of Buenas Migas. Such selection adjusts to an approach that can fit in the rural area and offers a business counterpoint that combined with the finesse of the watercolor places the set on the perfect place for customer needs.

Buenas Migas es una cadena de restaurantes de comida rápida de calidad, que mezcla la gastronomía de Génova y los postres y tartas de Cornualles dando como resultado platos simples, frescos, sanos y gustosos a un precio razonablemente económico. Su valor distintivo con respecto a sus competidores es la alta calidad de sus productos, resultado de una actitud artesana hacia su trabajo. Al producir toda una nueva línea de packs, la necesidad del cliente era expresar la frescura de los productos y la artesanía con la que se realizan los platos. La idea es sencilla: todo lo que hacen está hecho a mano, así que todas las etiquetas están dibujadas a mano también. Las etiquetas de la cerveza, de las mermeladas y los zumos, y también las piezas del take away como las bolsas, los sobres y los vaso, han sido todas dibujadas a mano, incluyendo la tipografía display para los nombres de los productos. La ilustración a acuarela se ha trabajado para conseguir un resultado figurativo, que al mismo tiempo mantuviera la plasticidad de la técnica, y se relacionara con los titulares pintados a mano. La tipografía pintada está basada en una muy comercial Futura Condensed Bold, que fue escogida para complementar esta visión artesanal de Buenas Migas. Tal elección atempera un acercamiento que podía caer en lo rural, y ofrece un contrapunto comercial que combinado con la delicadeza de la acuarela posicionaba al conjunto en el punto perfecto para las necesidades del cliente.

CLA-SE

cla-se.com

Clase bcn is a graphic design and visual communication studio in Barcelona made up of a team of ten young, international, multidisciplinary professionals whose work has won a number of awards.
We work on all areas of design, but pay particular attention to typeface and the element of surprise. When we take a project on, we see to all phases of the strategic and creative process and come up with specific, innovative and distinctive languages following a coherent, exacting approach in accordance with the needs of each project.
Claret Serrahima's professional career got under way in 1978 and, driven by her nonconformist, restless spirit, she set up clase bcn in 2001 with two new partners: creative director Daniel Ayuso and managing director Sandra Parcet.

Clase bcn es un estudio de diseño gráfico y comunicación visual de Barcelona formado por un equipo de 10 profesionales, joven, internacional y multidisciplinar, cuyo trabajo ha sido premiado diversas ocasiones.
Trabajamos todas las áreas del diseño con una particular defensa de la tipografía y del elemento sorpresa. Al asumir un proyecto, nos ocupamos de todas las fases del proceso estratégico y creativo, buscando lenguajes específicos, innovadores y diferenciales y siempre con un tratamiento coherente y riguroso según las necesidades propias de cada encargo.
Con una trayectoria profesional iniciada en 1978, Claret Serrahima gracias a su espíritu inconformista e inquieto, decide crear clase bcn en 2001 con la incorporación de dos nuevos socios: Daniel Ayuso, Director Creativo y Sandra Parcet, Directora Ejecutiva.

CLA-SE
cla-se.com

CLA-SE
cla-se.com

designers:
Mercé Fernandez
Daniel Ayuso
Mirja Jacobs

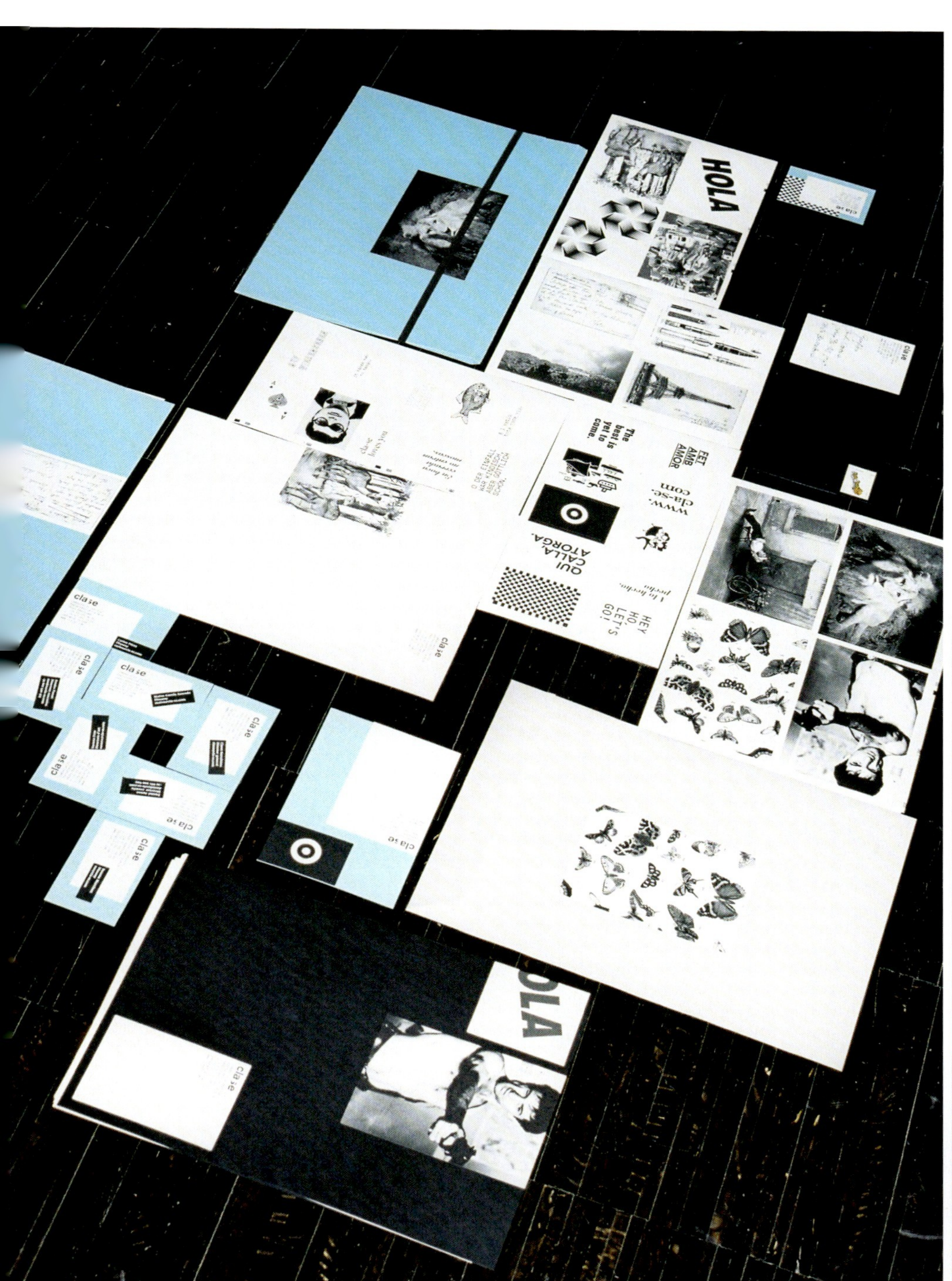

CLA-SE

A big collection of stickers with visual elements in black and white and prefabricated material in 3 diferent colours, combined with one another, are the base of the new stationery of cla-se.
The final outcome is a very personal, flexible and customizable system that allows all kind of applications.

Una gran colección de pegatinas con elementos visuales en blanco y negro y un material prefabricado en 3 colores distintos, combinados entre ellos, son la base del nuevo material de papelería de cla-se.
El resultado final es un sistema muy personal, flexible y personalizable que permite todo tipo de aplicaciones.

CLA-SE

cla-se.com

SITA MURT POP UP STORE

The first Sita Murt Pop Up Store opened in Sitges. The aim was to create an identity that combined the concept of a popup store with Sita Murt's corporate identity. The project shunned the standard graphics of the world of franchises and instead painted directly onto the walls using a hand-painted typeface in fluorescent ink. Hand-painted sketchbooks with sketches and different messages were also added.

La primera Pop Up Store de Sita Murt se abrió en Sitges. El objetivo era crear una identidad que combinara el concepto "Pop Up Store" con la Identidad Corporativa de Sita Murt. El proyecto pretende huir la gráfica standard del mundo del franquiciado y se materializó pintando directamente las paredes con tipografía manuscrita a pincel y utilizando tinta fluorescente. Se añadieron además libros de sketches -con bocetos y distintos mensajes- pintados también a mano.

CLA-SE
cla-se.com

CLA-SE
cla-se.com

type designer: Íñigo Jerez

ARTS SANTA MÒNICA

Arts Santa Mònica, a logo with fewer letters? Creating the identity for a contemporary art centre is always a complex job and an exciting challenge. And more so when the centre is not only restricted to fine arts, but incorporates three other disciplines: science, thought and communication. We created a logo which works as a visual poem, as the four A's are missing from the name, which correspond to the four arts which coexist at the centre. These letters are recomposed, forming a very simple, eye-catching, abstract symbol which is highly recognisable.

Arts Santa Mònica, ¿un logotipo con menos letras? Crear la Identidad de un centro de Arte Contemporáneo es siempre un trabajo complejo y excitante. Y más cuando éste ya no se limita sólo a las artes plásticas, sino que incluye otras tres áreas: ciencia, pensamiento y comunicación.
Un proyecto que ha abarcado áreas de trabajo muy distintas, incluyendo el desarrollo de una tipografía propia como uno de los principales elementos identitarios. Creamos un logotipo que funciona como un poema visual - ya que le faltan las cuatro "A" del nombre - y que corresponden a las cuatro artes que coexisten en el centro. Estas letras se recomponen formando un símbolo abstracto muy simple y visual y con gran capacidad de reconocimiento y de desarrollo.

CLA-SE
cla-se.com

EL BULLI

The face of a French bulldog might be a surprising choice for the symbol of a restaurant.
However, since at El Bulli everything is possible, we couldn't represent it with cuisine icons and decided to cast our net wider.'Bulli' comes from 'French bulldog' and back in 1963 the first owner had a good number of dogs of this race running around the restaurant and surroundings.

Puede sorprender que la cara de un bulldog francés se convierta en el símbolo de un restaurante.
En El Bulli todo es posible, no podíamos representarlo con iconos de cocina, así pues, la investigación fue más allá. "Bulli" viene de "bulldog francés" y la primera propietaria, en 1963, tenía un buen número de esta raza revoloteando por el restaurante y su entorno.

CLA-SE
cla-se.com

type designer: Íñigo Jerez

FOUR LETTERS. EINA!

Opening of the exhibition for the new graphic identity of EINA University Center for Design and Art in Barcelona.

Exposición y presentación de la nueva identidad gráfica de EINA Centro Universitario de Diseño y Arte de Barcelona.

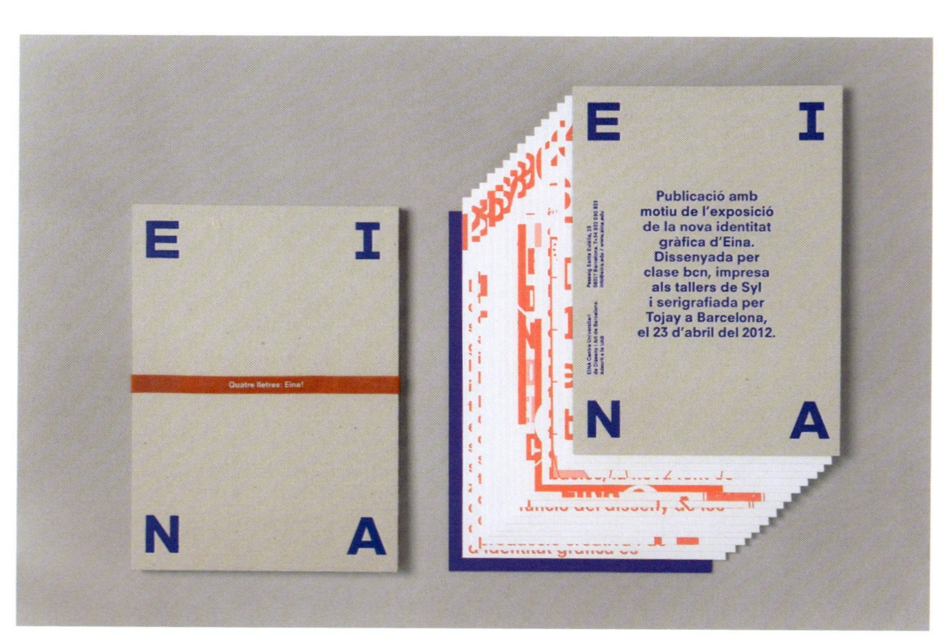

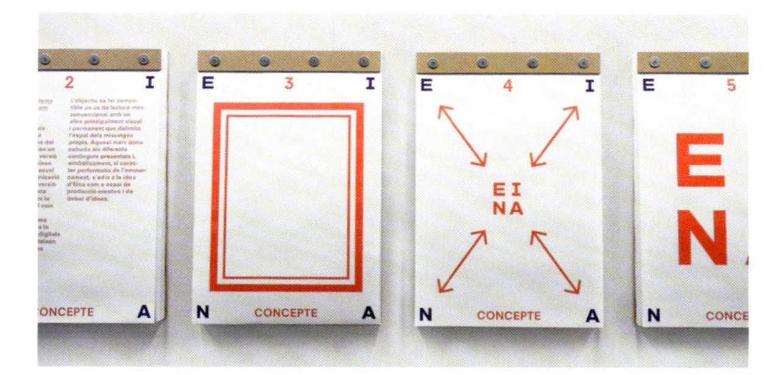
E
3
I
N
CONCEPTE
A
4
EI
NA
5
E
N

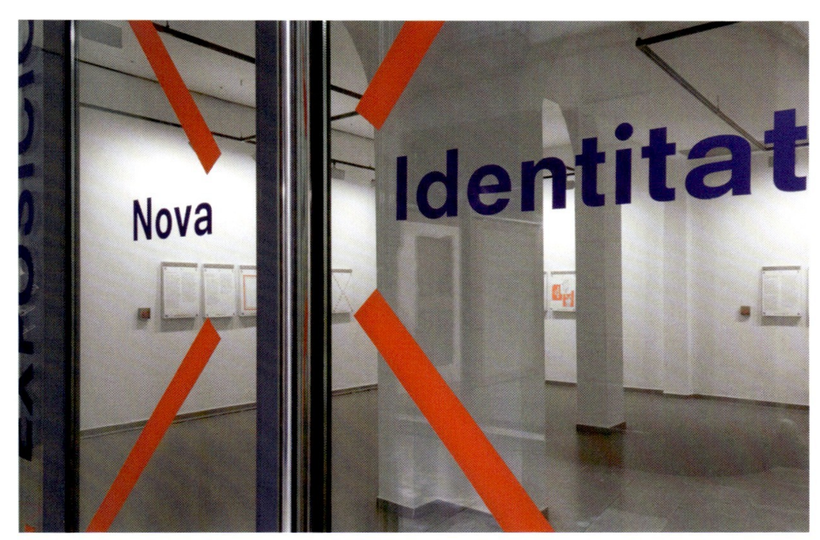
Nova
Identitat

E
Racional
13
a
Eina
Humanista
Geomètrica
I
A
school

E
11
I
Una tipografia per a Eina: una familia amb quatre variants
Les lletres del logotip d'Eina responen a un disseny que garanteix una bona compensació d'espais en la configuració del rectangle virtual que genera la marca. Les lletres E, N i A són caràcters estàndards de tipus de pal sec, mentre que la I adquireix la serif egípcia.
La labor tipogràfica realitzada pel dissenyador Iñigo Jerez ha donat peu al disseny d'una nova font específica. Aquesta parteix d'una reflexió sobre algunes de les tipografies més representatives del segle XX –la Johnston (1916), la Futura (1927), la DIN (1936) i l'Helvètica (1957)– així com d'una anàlisi dels seus elements comuns. D'aquest procés n'ha sortit un nou tipus de lletra. És a dir, la font Eina sintetitza trets dels caràcters i els conceptes que simbolitzen la modernitat tipogràfica: els tipus humanista, geomètric, tecnològic i racionalista, respectivament. Alhora, formulat aquest treball de síntesi dels elements bàsics, la nova font és capaç de generar una sèrie amb quatre variants o subfamílies que recullen les particularitats de cada una de les tipografies esmentades. D'aquesta manera, la font Eina esdevé el resultat d'un diàleg fructífer entre el llegat modern i el disseny vist des de la contemporaneïtat.
N
TIPOGRAFIA
A
E
12
I
Mecanica
Humanista
N
TIPOGRAFIA
A
E
13
I
Racional
Humanista
Eina
Eina
Geomètrica
Tecnològica
Eina
Eina
N
TIPOGRAFIA
A
E
14
I
Eina School
ABCDEHIKLMNO
PRSTU.,01230
N
TIPOGRAFIA
A

ENRIC AGUILERA ASOCIADOS

enricaguilera.com

Enric Aguilera Associates (Enric Aguilera Asociados) started in 1986 with the goal to assist and provide creative services based on art management and graphic design, which has allowed us to collaborate on projects for consumer brands and participate in the creativity of the campaigns of the best agencies in the country.

This experience allows us to establish ourselves as one of the few communication studios that can handle, from the start of a campaign, to the development of a corporate entity or the packaging design in a creative and efficient manner.

Enric Aguilera Asociados se inicia en 1986 con el objetivo de atender y dar un servicio creativo basados en dirección de arte y diseño gráfico, lo cual nos ha permitido colaborar en proyectos para grandes marcas de consumo y formar parte en la creatividad de campañas para las mejores agencias del país.

Esta experiencia nos permite configurarnos como uno de los pocos estudios de comunicación que puede afrontar, desde el inicio de una campaña, al desarrollo de una entidad corporativa o el diseño de un packaging de una forma creativa y eficaz.

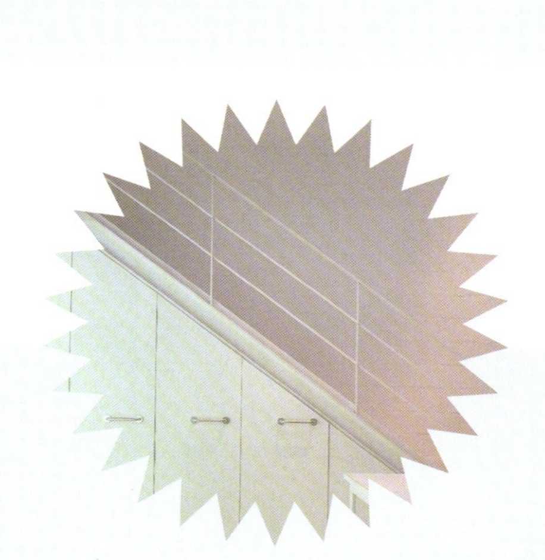

ENRIC AGUILERA ASOCIADOS
enricaguilera.com

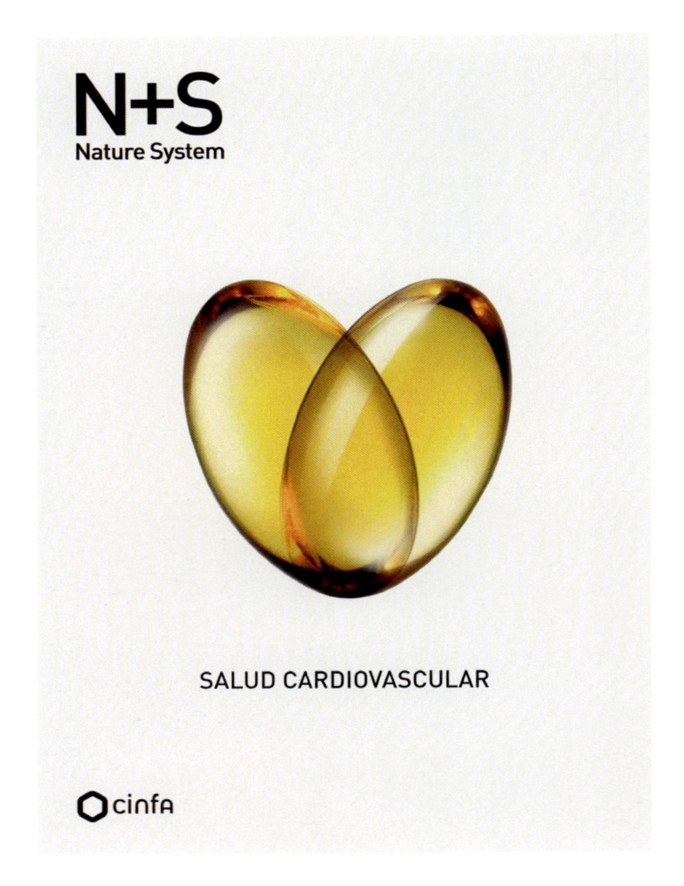

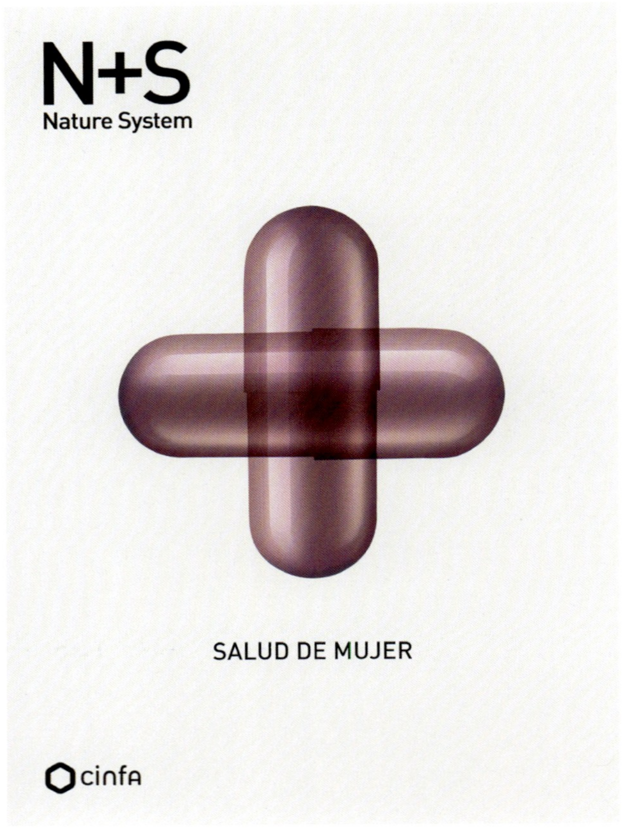

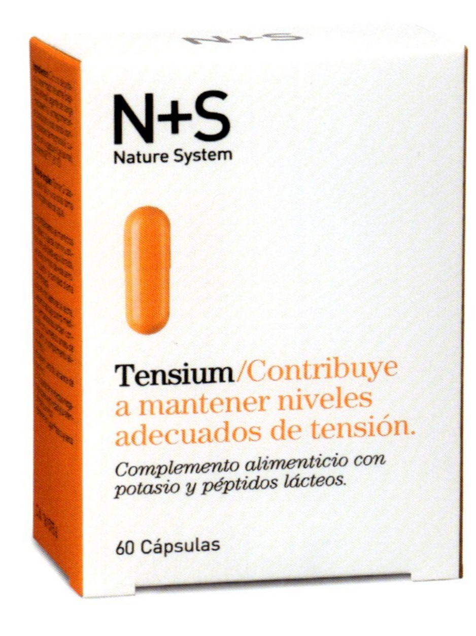

NATURE SYSTEM

New line of food supplements for Cinf Nature System.

Nueva línea de complementos alimenticios Nature System para Cinfa.

ENRIC AGUILERA ASOCIADOS
enricaguilera.com

designers:
Enric Aguilera / Gaizka Ruiz

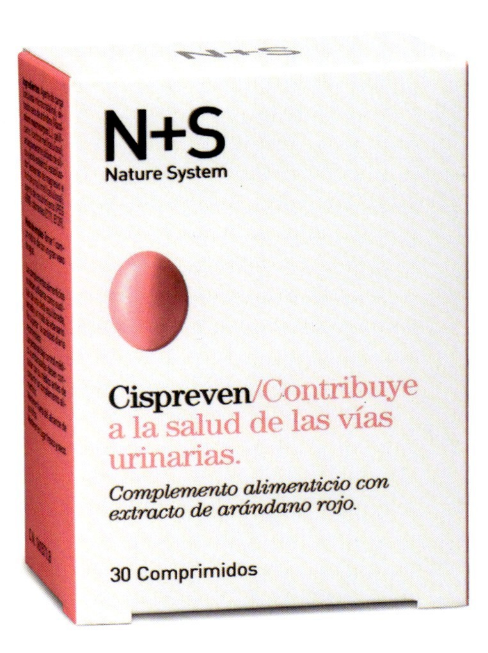

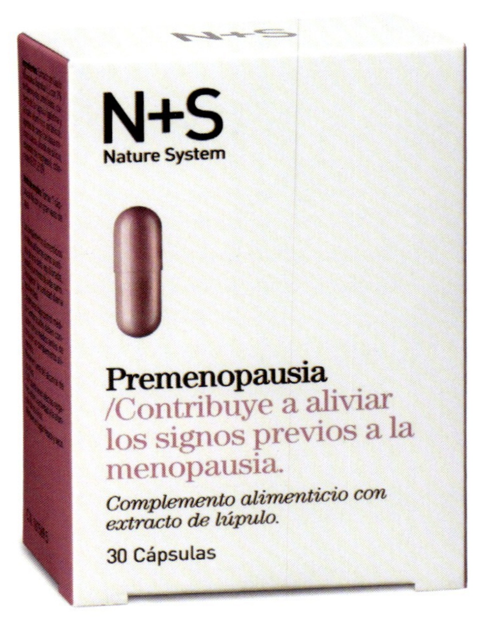

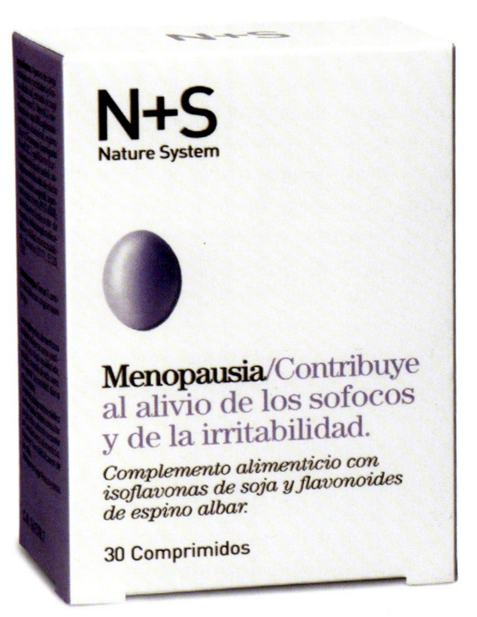

ENRIC AGUILERA ASOCIADOS
enricaguilera.com

designers: Enric Aguilera / Gaizka Ruiz / Jordi Carles
arquitecture: Merche Alcalá

DELISHOP

Global project corporate image and packaging line for stores specializing in products Delishop overseas. Also there has been a line of Premium products.

Proyecto global de imagen corporativa y línea de packaging para las tiendas Delishop especializadas en productos de ultramar. También se ha realizado una línea de productos Premium.

delishop

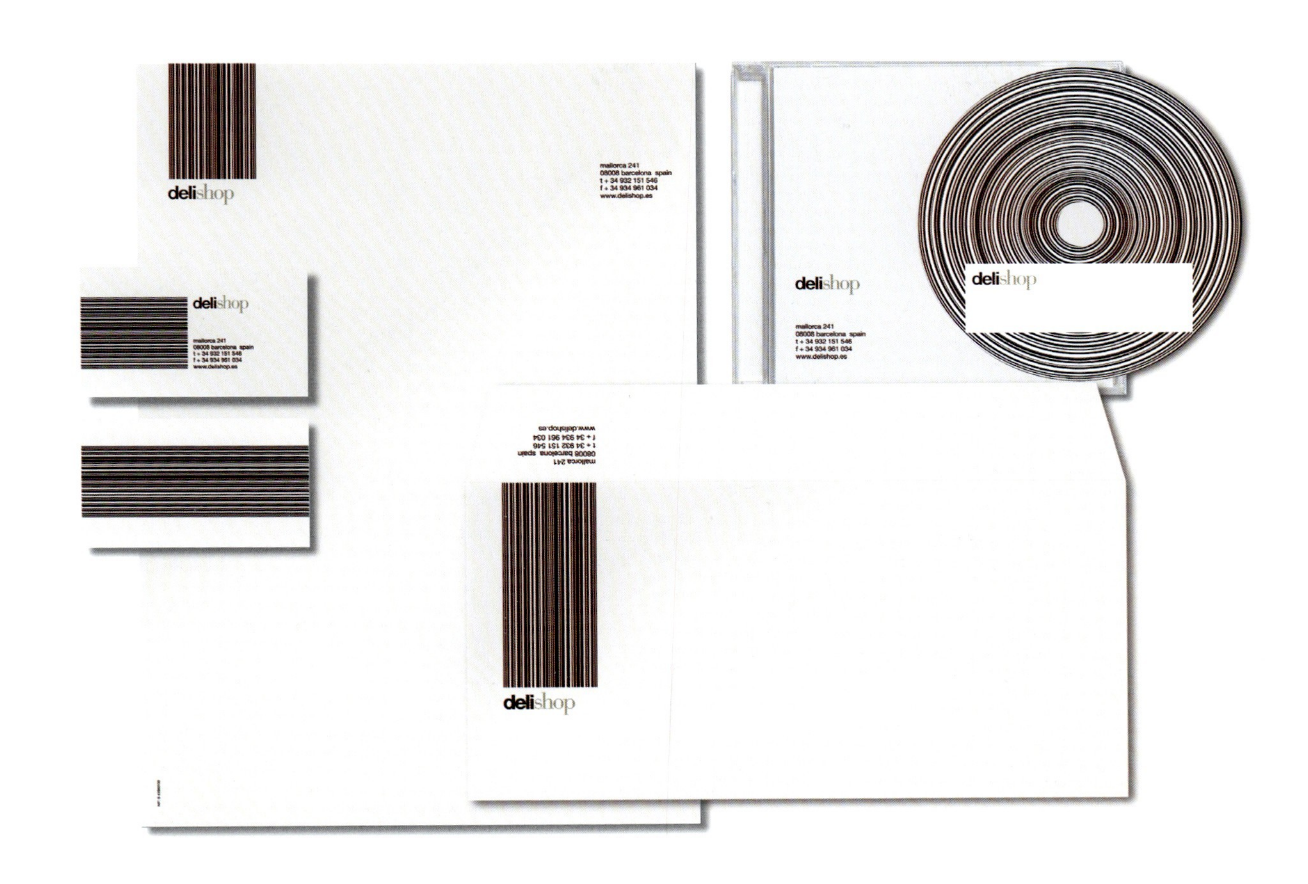
delishop
mallorca 241
08008 barcelona spain
t + 34 932 151 546
f + 34 934 961 034
www.delishop.es

delishop

delishop
Vinagre de vino blanco
Vinagre de vino tinto
Arbequina
Allioli
Salsa romesco
Pimientos asados a la leña
Mostaza de dijon

ENRIC AGUILERA ASOCIADOS

enricaguilera.com

ENRIC AGUILERA ASOCIADOS
enricaguilera.com

designers:
Enric Aguilera / Gaizka Ruiz

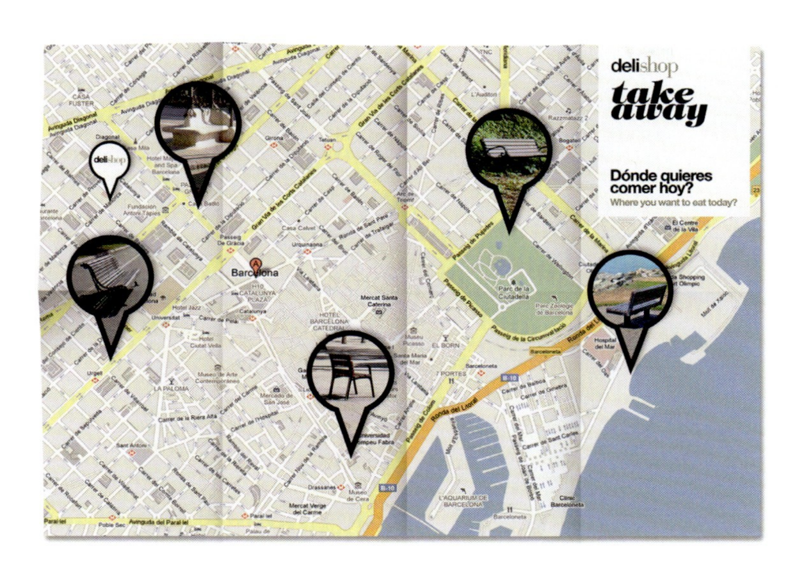

TAKE AWAY-DELISHOP

The new line "Take Away" dishes prepared by Delishop, based on the concept of "urban-picnic," are presented as a different and enjoyable option to consume the products at different places in Barcelona.

La nueva línea "Take Away" de platos preparados de Delishop, basada en el concepto "urban-picnic", se presenta como una opción diferente y divertida de consumir los productos por diferentes puntos de Barcelona.

ENRIC AGUILERA ASOCIADOS
enricaguilera.com

designers: Enric Aguilera / Gaizka Ruiz

HELIOS

Logo and packaging redesign for the Helios Group. Canned fruit in syrup.

Rediseño del logotipo y packaging para el Grupo Helios. Latas de fruta en almíbar.

ENRIC AGUILERA ASOCIADOS
enricaguilera.com

designers:
Enric Aguilera / Gaizka Ruiz

DeMARIA

DEMARIA

The acorn is the central element of corporate image DeMaría, who incorporates Salamanca Cathedral, designation of origin of their products. The packaging uses its icon to create a dual-bellota ham.

La bellota es el elemento central de la imagen corporativa DeMaría, que incorpora la catedral de Salamanca, denominación de origen de sus productos. El packaging se sirve de su icono para crear una dualidad bellota-jamón.

RUIZ + COMPANY

ruizcompany.com

Creative atudio managed by David Ruiz, formed by art directors and graphic designers, specialists of creative concepts and innovative codes for brands, by branding, graphic design and publicity.

Named in 2009 "THE DESIGN STUDIO OF THE DECADE" ("ESTUDIO DE DISEÑO DE LA DECADA") after 5,000 professionals in the sector completed a survey by the magazine "El Publicista."

They have worked for firms and brands in all fields, from cultural themes to consumer products like Camper, Gemma, Tous, Audi, Levi's, Macba, ING or Chocolat Factory, awarded the Prince Philip Designers Prize for excellence in business design.

David Ruiz is appointed member of AGI, Alliance Graphique Internationale, in 1997.

They have been awarded as of today 116 prizes in the main design festivals and international publicity.

Estudio creativo dirigido por David Ruiz, formado por directores de arte y diseñadores gráficos, especialistas en conceptos creativos y códigos innovadores para las marcas, a través del branding, el diseño gráfico y la publicidad.

Nombrado en 2009 "ESTUDIO DE DISEÑO DE LA DÉCADA" tras una encuesta realizada por la revista "El Publicista" a 5.000 profesionales del sector.

Han trabajado para empresas y marcas de todos los ámbitos, desde temas culturales a productos de consumo como Camper, Gemma, Tous, Audi, Levi's, Macba, ING, o Chocolat Factory galardonada con el premio Principe Felipe a la excelencia empresarial en diseño.

David Ruiz es nombrado miembro de AGI, Alliance Graphique Internationale, en 1997.

Han sido galardonados hasta hoy con 116 premios en los principales festivales de diseño y publicidad internacionales.

RUIZ + COMPANY
ruizcompany.com

creative group: Ruiz+Company
designer: Jorge Alavedra

MR. CHOCOLATE

Mr. Chocolate is a line of chocolate moustaches designed for the "Surtido" collection of Chocolat Factory.
The packaging's complexity lies in the fact that, as an impulse-buy product, it has to be seen but also has to be well protected due to the delicate nature of the chocolate. Added to that, the format had to be identical for all sizes of moustache.
Finally, because it was a very simple product, packaging had to be in line with this simplicity, conveying austerity while minimising production costs.

Mr. Chocolate es una línea de bigotes de chocolate diseñados para la colección Surtido de Chocolat Factory. La complejidad del envase está en el hecho de que, al ser un producto que se compra impulsivamente, tiene que ser visto pero también tiene que estar bien protegido a causa de la delicada naturaleza del chocolate. Además de esto, el formato debía ser idéntico para todos los tamaños de bigotes.
Por último, como es un producto muy sencillo, el envoltorio tenía que ir acorde con su simplicidad expresando austeridad a la vez que los costes de producción se minimizan.

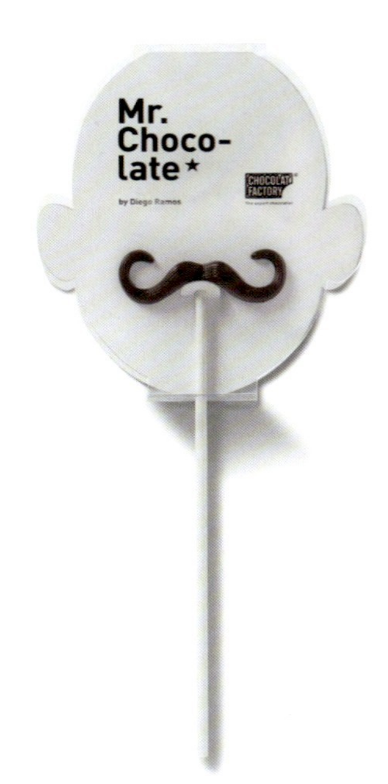

RUIZ+COMPANY STATIONERY

The "+", a historical symbol of the studio, is at the heart of all those values.
The studio's attitude against "over design" is emphasized by the austerity of the colour and typography used.
The corporate identity of the graphic design studio "Ruiz+Company", is based on 4 geometrical figures that represent synthesis ,conceptuality, and purity, values that define our work.

El «+», emblema histórico del estudio, se encuentra en el punto medio de todos los valores.
La postura del estudio en contra del «exceso de diseño» destaca a través de la austeridad del color y la tipografía empleada.
La identidad corporativa del estudio de diseño gráfico Ruiz+Company se basa en 4 figuras geométricas que representan síntesis, conceptualidad y pureza, valores que definen nuestro trabajo.

RUIZ + COMPANY
ruizcompany.com

creative group: Ruiz+Company
designer: Ainhoa Nagore

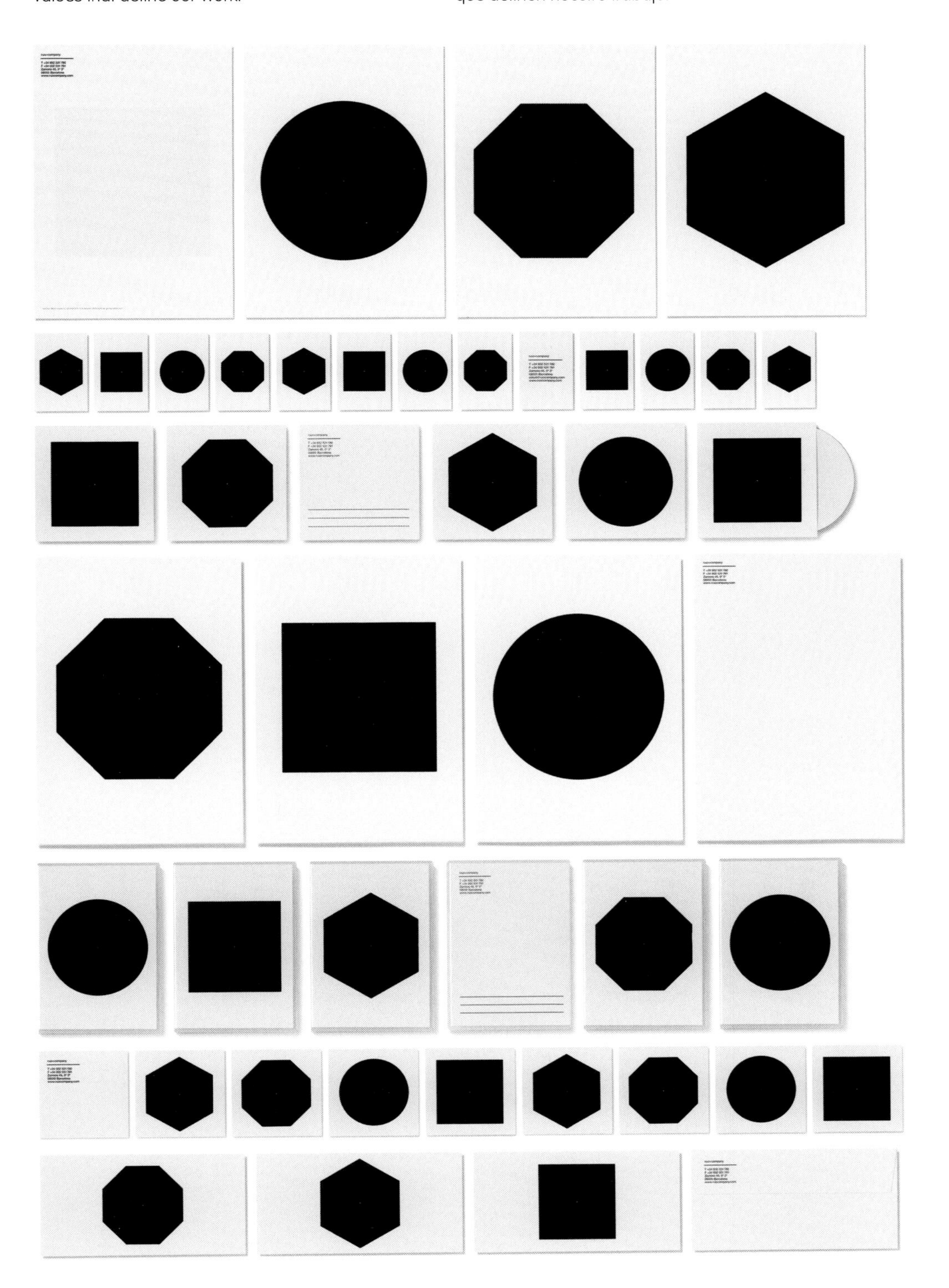

RUIZ + COMPANY

ruizcompany.com

creative group: Ruiz+Company
art director: Ainhoa Nagore
designers: Vicente Ruiz, Jorge Alavedra
photographer: Garrigosa Studio

LOVE

Product Campaign for the 2012 Autumn Winter Camper Collection.

Producto Campaña de Otoño Invierno 2012 Colección Camper.

LOVE

CAMPER TOGETHER
WITH BERNHARD WILLHELM

LIFELOVERS
WELCOME

RUIZ + COMPANY
ruizcompany.com

creative group: Ruiz+Company
art director: Ainhoa Nagore
photographer: Terry Richardson

TOUS BRAND CAMPAIGN

A brand campaign created with the aim of introducing Tous to new markets and repositioning the Tous Teddy Bear figure in existing mature markets. Irony, glamour and sophistication are the ingredients used to convert the Tous Teddy Bear into a celebrity that is always surrounded by the most beautiful women at the most chic parties. Terry Richardson, a frequent photographer of celebrities and parties, portrays the Tous Teddy in this tour through the coolest cities.

Campaña publicitaria creada con el objetivo de introducir Tous en nuevos mercados y reubicar la imagen de este osito en los mercados desarrollados ya existentes. La ironía, el glamur y la sofisticación son los ingredientes utilizados para convertir al osito Tous en una celebridad siempre rodeada de las mujeres más hermosas en las fiestas más chic. Terry Richardson, fotógrafo habitual de famosos y fiestas, retrata al osito Tous en este tour por las mejores ciudades.

RUIZ + COMPANY
ruizcompany.com

RUIZ + COMPANY
ruizcompany.com

creative group: Ruiz+Company
designer: Vicente Ruiz

8 DE AGOSTO STATIONERY

A dynamic number eight created from multiple filaments as the symbol for "8 de agosto" (8 August), the new division of the production house, Agosto, specialising in animation and motion graphics.
Its abstract, almost unreal treatment makes it resemble the symbol for infinity and brings it closer to the world of experimentation.

Un número ocho dinámico creado a partir de múltiples filamentos para crear el símbolo de 8 de agosto, la nueva división de la casa de producción Agosto, especializada en gráficos de animación y en movimiento.
Su tratamiento abstracto y casi irreal hace que se parezca al símbolo de infinito y lo acerca al mundo experimental.

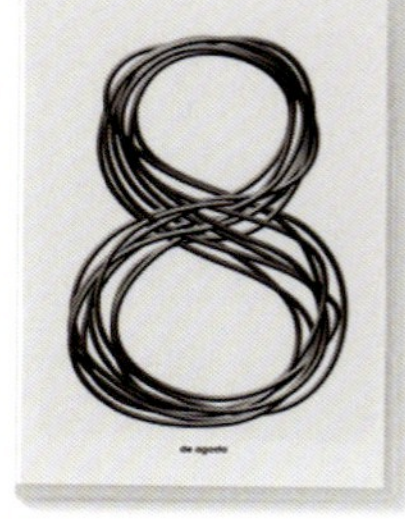

RUIZ + COMPANY
ruizcompany.com

creative group: Ruiz+Company
designer: Ainhoa Nagore

Change
c

~~Past~~
Present
~~Future~~

~~E~~xpire
Ins

SELF-PROMOTION CAMPAIGN

Self-Promotion Campaign for the magazine Yorokobu. In the context of the economic crisis in which we find ourselves, we would like to run a campaign that reflects our attitude to the present times, a declaration of intentions in favour of action, change and the adapting of our needs to the market.

Campaña de autopromoción para la revista Yorokobu. En el contexto de crisis económica en la que nos encontramos, nos gustaría llevar a cabo una campaña que reflejara nuestra postura en la actualidad, una declaración de intenciones a favor de las medidas, el cambio y la adaptación de nuestras necesidades al mercado.

RUIZ + COMPANY
ruizcompany.com

creative group: Ruiz+Company
designer: Vicente Ruiz

8 INCHES

Pack for a chocolate liqueur-filled cock. "8 Inches" is the first product in the "Sex & Chocolate" line brought out by the luxury brand, United Indecent Pleasures, and dedicated to pleasure. The pack has been designed with materials that allow for the perfect conservation of the chocolate throughout the logistics process, from the workshop to the final consumer, anywhere in the world.

Paquete para un pene de chocolate relleno de licor. 8 Inches es el primer producto de la línea Sex & Chocolate diseñada por la marca de lujo United Indecent Pleasures, dedicada al placer. El paquete se ha diseñado con materiales que permiten la perfecta conservación del chocolate en todos los procesos logísticos: de la fábrica al consumidor final en cualquier parte del mundo.

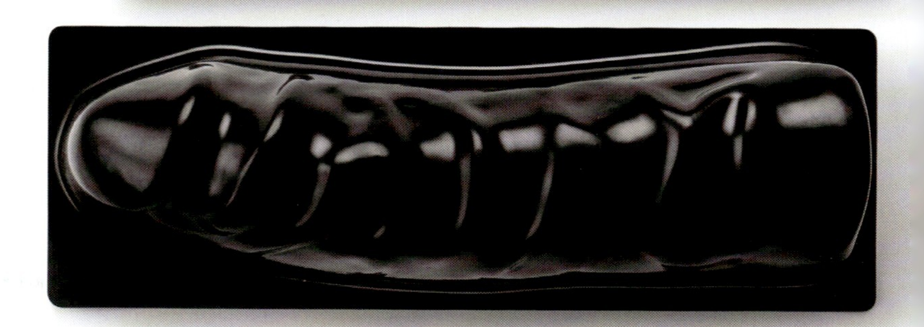

RUIZ + COMPANY
ruizcompany.com

creative group: Ruiz+Company
director: Ruiz+Company, Marcel Juan
production: 8 de agosto
director of photography: Marcos Pasquin
art director: David Ruiz, Ainhoa Nagore
designers: Vicente Ruiz, Jorge Alavedra, Berta Fernandez

CANAL VIAJAR'S UN AÑO DE VIAJES (A YEAR OF TRAVELS)

A series of masks for the documentary programme "Un año de viajes" on Canal VIAJAR, by CANAL+.
A landscape formed by geometrical figures in different colours and a small ball that is featured in each of the documentaries of note each month.

Serie de caretas para el programa de documentales "Un año de viajes" del Canal VIAJAR de CANAL+.
Un paisaje creado por figuras geométricas de colores y una pequeña pelota que protagoniza cada uno de los documentales a destacar cada mes.

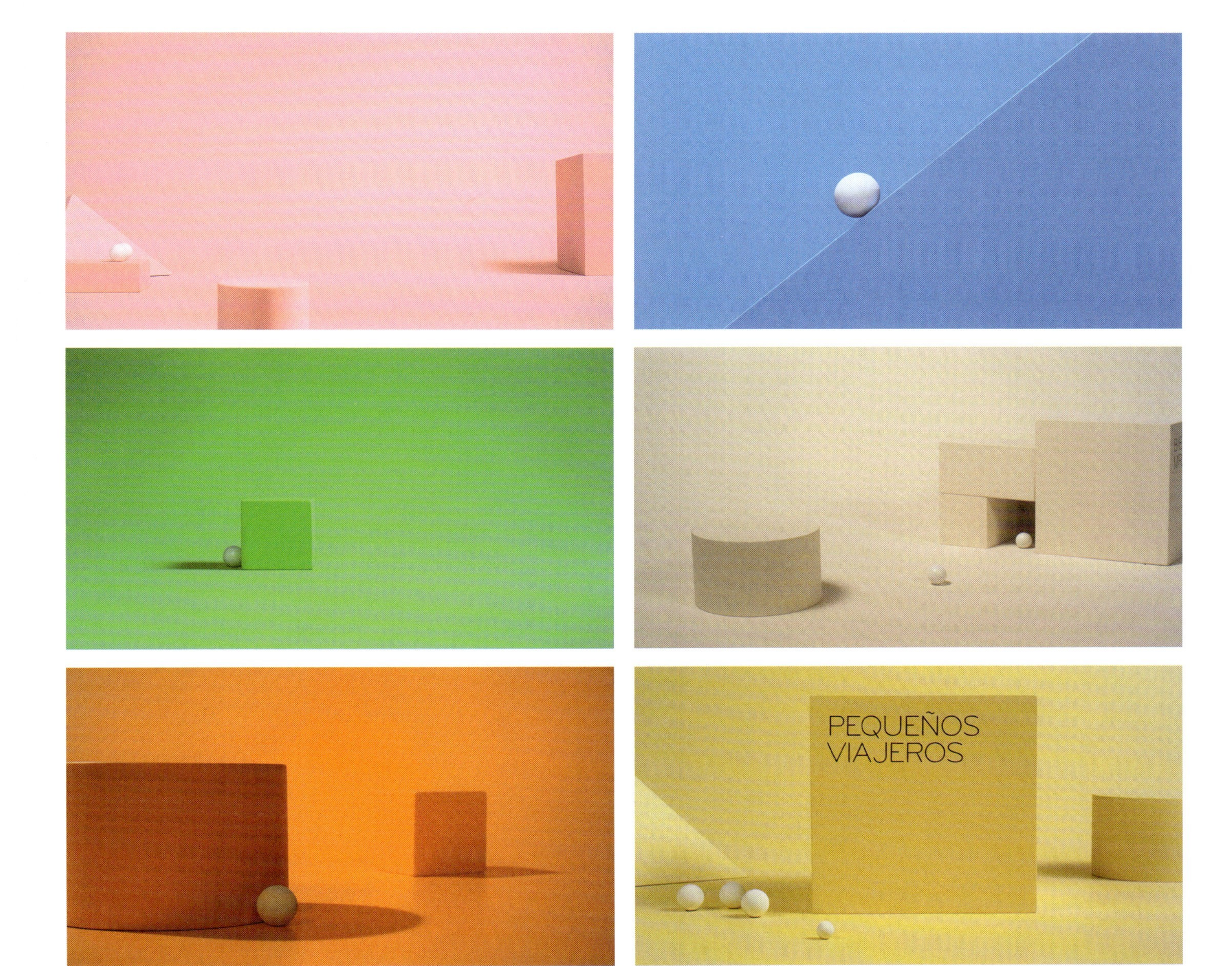

RUIZ + COMPANY

ruizcompany.com

creative director: David Ruiz
art director: Ainhoa Nagore
designer: Jorge Alavedra

THE KITCHEN FILMS

Corporate identity for a production company, The Kitchen Films. Using stripped-down visual coding, a set of pictograms was developed around different elements that one might find in the kitchen. The idea further radiated around the playful interaction that gets created between each item. For example, both sides of the writing paper function as ingredients: once inside a standard envelope, with a microwave printed upon it, they seem to be cooked.
The entire identity functions as might a kitchen where the items of stationery are being prepared, from the business card to the bag.

Identidad corporativa para la productora The Kitchen Films. Utilizando un código visual minimalista se desarrollaron unos pictogramas basados en diferentes elementos que pueden encontrarse en una cocina. La idea radica en la creación de un juego basado en la interacción entra cada una de las piezas. De este modo, por ejemplo, los diferentes dorsos del papel de carta funcionan como alimentos; una vez dentro del sobre americano, ilustrado con un microondas, parece que se estén cocinando.
La identidad en conjunto funciona como una cocina en si misma, pudiéndola construir a partir de los elementos de la papelería, desde la tarjeta hasta la bolsa.

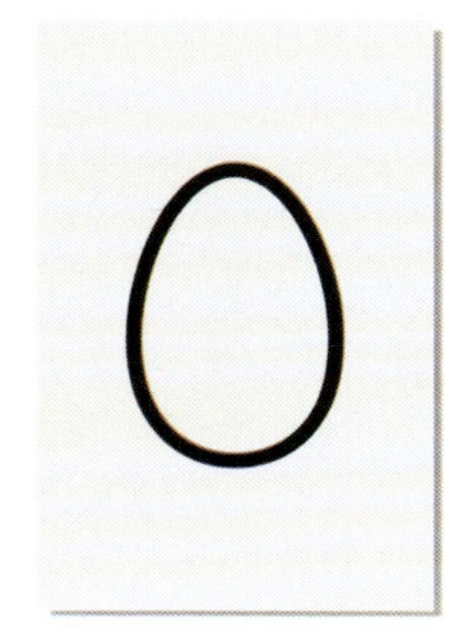

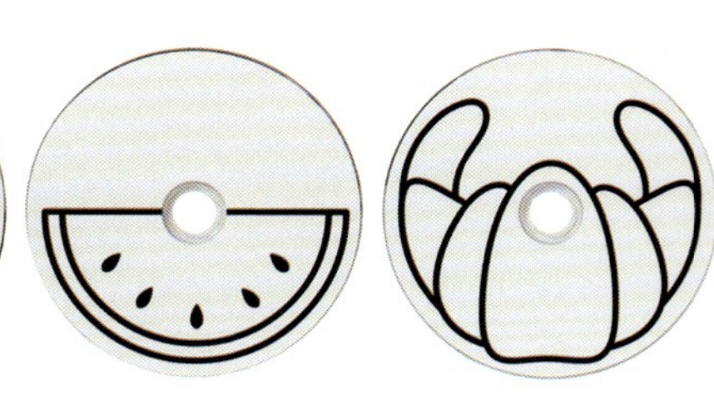

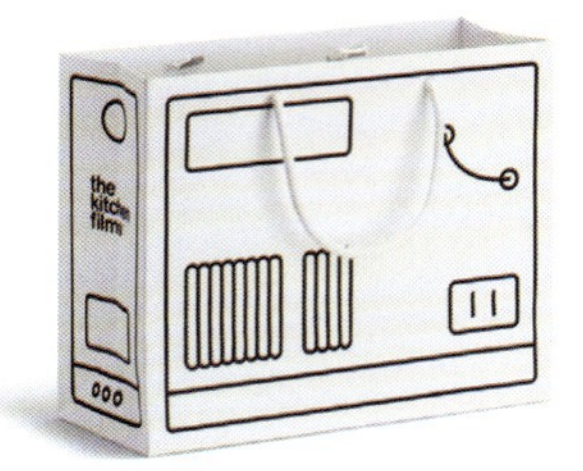

RUIZ + COMPANY
ruizcompany.com

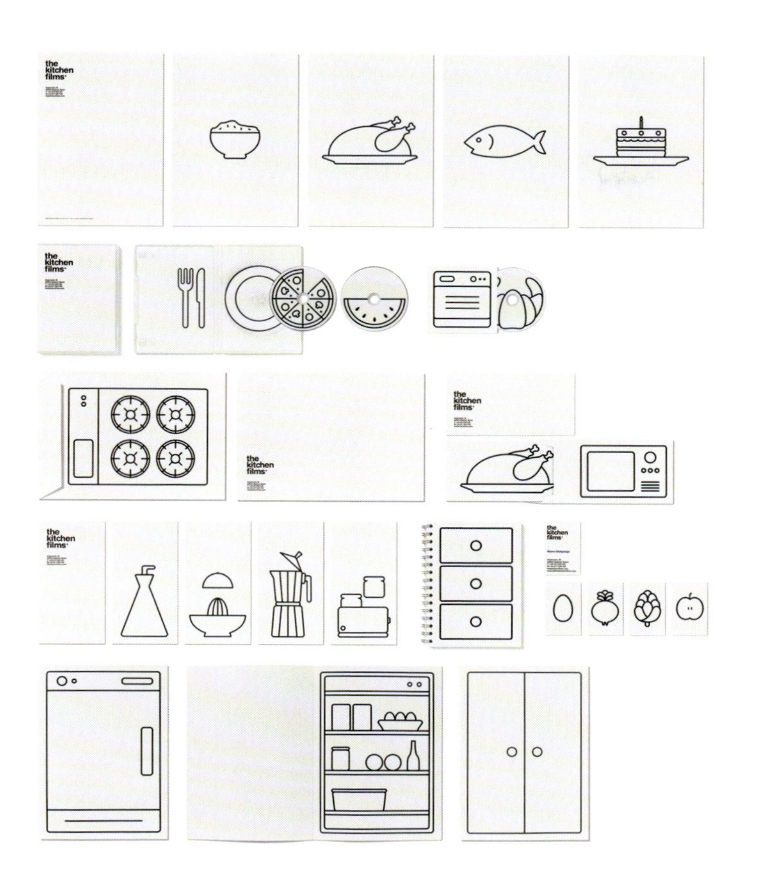

the kitchen films®

ATIPUS

atipus.com

Atipus is a graphic communication studio, created in Barcelona in 1998. We are a team of expert professionals, trained in various disciplines; corporate identity, art direction, packaging design, and web services. Our aim is to communicate through good graphic work, conceptually and simply.

Atipus es un estudio de comunicación gráfica creado en Barcelona en 1998. Somos un equipo de profesionales expertos en diferentes disciplinas: identidad corporativa, dirección de arte, diseño de packaging y servicios web. Nuestro objetivo es comunicar a través de un buen trabajo gráfico, conceptual y simple.

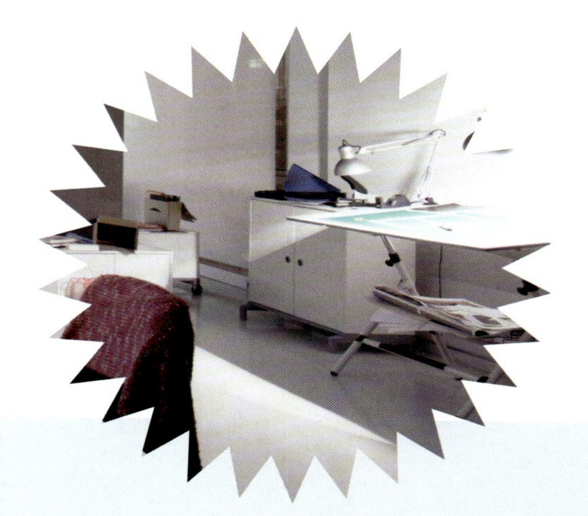

ATIPUS
atipus.com

creative director: ATIPUS
designer: Albert Estruch, Atipus

RÍTMIA

Identity for social music therapist and educator Celia Castillo. The identity is based on rhythmic exercises at its Celia develops, the basic aim is to provoke different moods in their patients.

Identidad corporativa para la musicoterapeuta y educadora social Celia Castillo. La identidad se basa en los ejercicios rítmicos que Celia desarrolla en sus sesiones, el objetivo básico es provocar diferentes estados de ánimo en sus pacientes.

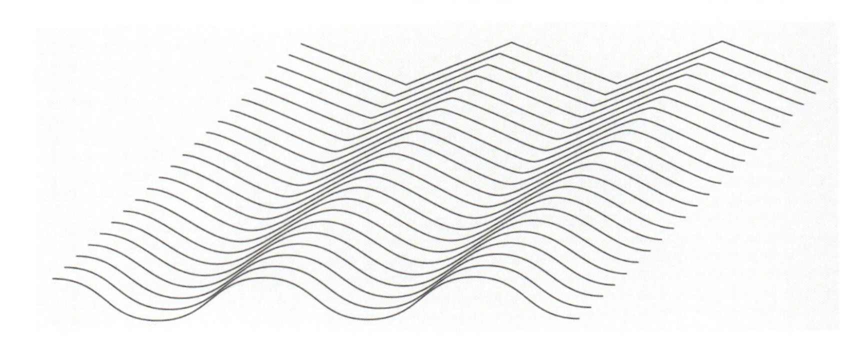

ATIPUS
atipus.com

ATIPUS

atipus.com

designer: Javier Suárez

STATIONERY ATIPUS

A graphic design studio's own corporate imaging. The corporate image functions via adhesive stickers, which allows the various media items to be personalized. Small printing errors were used as a graphic element to best identify the stationery. The aim was to transmit the importance of caring for details and illustrate that business philosophy through this small paradox.
The business cards are in fact photo brochures that when folded and sealed with stickers take on the traditional format of a business card. When the user receives it, they must peel off the sticker/tape in order to view its contents, much like a small surprise.

Imagen corporativa para el propio estudio de diseño gráfico. La corporativa del estudio funciona en base a una etiquetas adhesivas que permiten personalizar los diferentes soportes. Se utilizan los pequeños errores de imprenta como elemento gráfico para identificar la papelería. Se quiere transmitir la importancia en el cuidado de los detalles como filosofía de la empresa mediante esta pequeña paradoja. Las tarjetas personales son un folleto con una fotografía que, doblada y sellada con el adhesivo, adquiere el formato tradicional de tarjeta. El usuario cuando la recibe, se ve obligado a romper el adhesivo/precinto para poder ver el contenido. Funciona como un pequeño objeto sorpresa.

ATIPUS
atipus.com

ATIPUS
atipus.com

creative director: ATIPUS
designer: Javier Suárez, Atipus

1270 A VUIT WINE

A strong wine, hand-made and organic, produced by a small familiar cellar in the Priorat. To obtain a hand-made character the label is made manually, as if it was made by the members of the family.

Vinos con carácter, producidos por una pequeña bodega familiar del Priorat de manera artesanal y ecológica.
En el diseño de la identidad gráfica del vino, para transmitir el carácter artesanal y de auto-producción, la etiqueta se compuso manualmente. Como podrían realizarla los propios miembros de la familia.

ATIPUS
atipus.com

MARKBROOKSGRAPHIKDESIGN

markbrooksgraphikdesign.com

Mark Brooks, graphic designer and art director. In 2010, and after various years working in Nueva York, he established a small studio in Barcelona. He develops graphic design projects and art management for clients in various countries mostly related to the world of art, culture, sports and publicity. Currently he splits his time between projects from the studio and art management at Villar-Rosàs.

Mark Brooks, diseñador gráfico y director de arte. En el 2010, y después de varios años trabajando en Nueva York, monta un pequeño estudio en Barcelona. En él desarrolla proyectos de diseño gráfico y dirección de arte para clientes de varios paises relacionados en su mayoría con el mundo del arte, la cultura, el deporte y la publicidad. En la actualidad compagina su tiempo entre los proyectos del estudio y la dirección de arte en Villar-Rosàs.

MELOU
COMMUNICATION
www.melou-music.com
07.12
WOODEN SPOON
BARCELONA
23.00

MARKBROOKSGRAPHIKDESIGN
markbrooksgraphikdesign.com

designer: Mark Brooks

BIOPOLITAN

Project Biopölitan invites graphic designers to use their talent to say something about the planet that we live in, about the things and living organisms which we share this space and about the fact that tomorrow they could cease to exist unless we replant certain things.

El proyecto Biopölitan invita a diseñadores gráficos a usar su talento para decir algo sobre el planeta en el que vivimos, sobre los cosas y los organismos vivos con los que compartimos este espacio y sobre el hecho que mañana podrían dejar de existir a no ser que nos replanteemos ciertas cosas.

MARKBROOKSGRAPHIKDESIGN
markbrooksgraphikdesign.com

MARKBROOKSGRAPHIKDESIGN

markbrooksgraphikdesign.com

design: Mark Brooks
art direction: Colin Strandberg

NIKE OLYMPICS SERIES

Project for Nike USA where crucial moments of the history of Nike are represented through JJOO as the iconic billboard of Carl Lewis in LA '84, the golden Nikes which Michael Johnson broke records, in Atlanta '96 and the unforgettable Basketball Dream Team in Barcelona '92.

Proyecto para Nike USA en el que se representan momentos cruciales de la historia de Nike a lo largo de los JJOO como el icónico billboard de Carl Lewis en LA '84, las Nike doradas con las que batió records Michael Johnson and Atlanta '96 y el inolvidable Dream Team de baloncesto en Barcelona'92.

MARKBROOKSGRAPHIKDESIGN
markbrooksgraphikdesign.com

MARKBROOKSGRAPHIKDESIGN
markbrooksgraphikdesign.com

MARKBROOKSGRAPHIKDESIGN
markbrooksgraphikdesign.com

design + art direction: Mark Brooks

SANTAMONICA LW

Complete identity and communication project for SantaMonica, a firm established in Spain that tailors specifically in the region, with exclusive stores and that has the objective to convey a message with substance and values through graphic design.

Proyecto integral de identidad y comunicación para SantaMonica, una empresa fundada en Barcelona que confecciona íntegramente en la comarca, con tiendas propias y que tiene como objetivo transmitir un mensaje con contenido y de valores a través del grafismo.

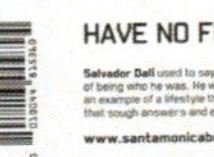

MARKBROOKSGRAPHIKDESIGN

markbrooksgraphikdesign.com

SANTAMONICA LW

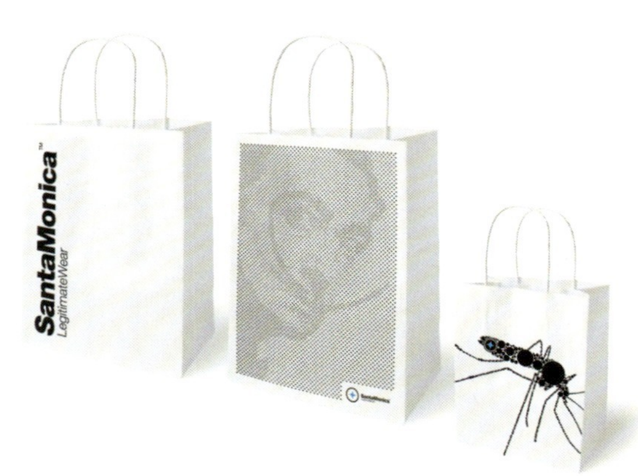

PARTICLE ACCELERATION

TORCHING THE FASHION OLYMPICS

RUN FOR YOUR LIFE

BUCKLE UP

NATURALLY GEOMETRIC

MARKBROOKSGRAPHIKDESIGN

markbrooksgraphikdesign.com

design + art direction: Mark Brooks

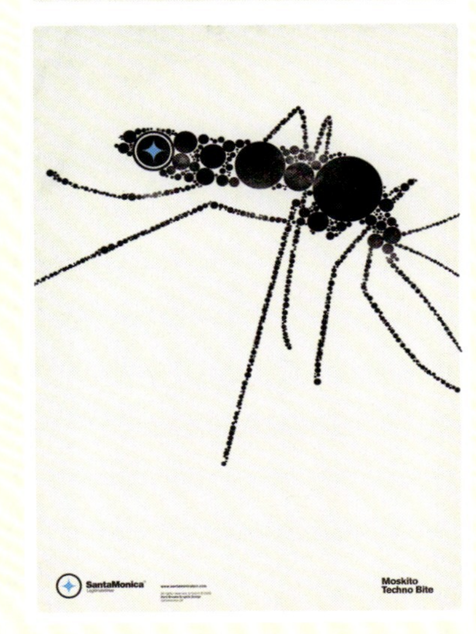

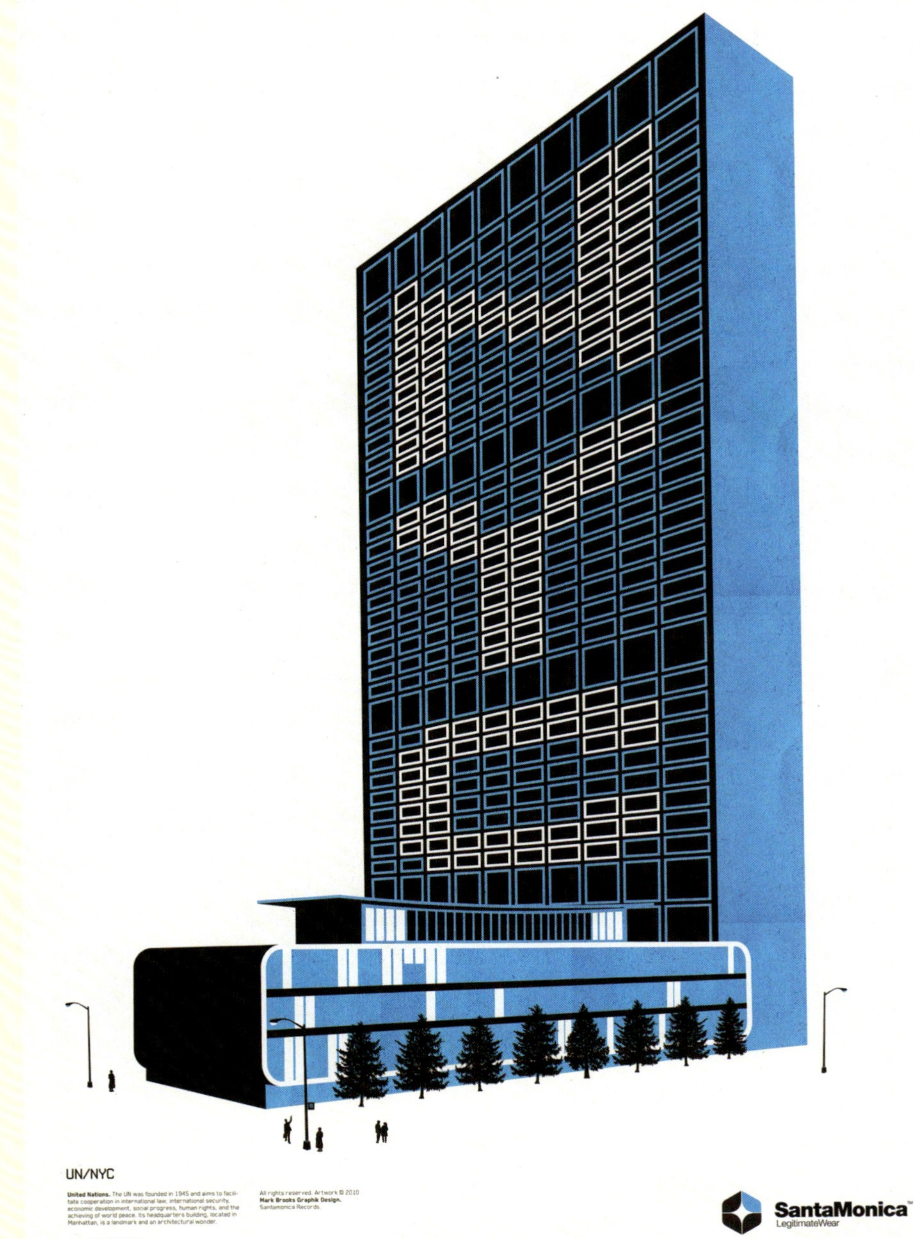

MARKBROOKSGRAPHIKDESIGN
markbrooksgraphikdesign.com

design + art direction: Mark Brooks

MAARTEN SWAAN - ONE

Design EP to Swaan Maarten, Dutch musician based in Barcelona since 2008.

Diseño de EP para Maarten Swaan, músico holandés afincado en Barcelona desde 2008.

MARKBROOKSGRAPHIKDESIGN
markbrooksgraphikdesign.com

design + art direction: Mark Brooks

SWAAN + CHRISTOS

Design of promotional posters for the U.S. tour for songwriters Swaan and Christos.
His formula for direct interpretation is that one the best songs of the other and conversely.

Diseño de la cartelería promocional para la gira norteamericana de los cantautores Swaan y Christos.
Su fórmula para los directos consiste en que uno interpreta los mejores temas del otro y viceversa.

ESTUDIO MARISCAL

mariscal.com

Javier Mariscal (Valencia, 1950) is, first and foremost, an image creator who develops his work using all kinds of supports and disciplines. Furniture design, interior design, graphic design, landscaping, painting, sculpture, illustration, web design, multimedia and animation are all the object of his professional activity.
In his own words "My speciality is being creative, innovative, making language go as far as possible, trying to develop codes, signs and graphic messages. Bringing them up to date. Listening, absorbing, observing, expressing what society is breathing in images, what we believe, what makes us feel emotions and the ideas that are changing. To do this I have used any system, language or discipline I have had within my reach."
Together with the team of Estudio Mariscal, which he founded in 1989, in recent years, and among many other things, he has done the interior design and graphics for the H&M store in Barcelona, the collection for the Uno Design contract, the 11th floor of Hotel Puerta América Madrid for the Hoteles Silken group, the graphic image of the 32nd edition of the America's Cup, the image and communication for Camper for Kids, the exhibition of his work Mariscal Drawing Life in the Design Museum of London, the sculptural pergola for Hospital Río Hortega in Valladolid, two monographic publications: Mariscal Drawing Life and Sketches, the dissemination of the new law on children of the Generalitat of Catalonia and the retrospective exhibition Mariscal en La Pedrera. In 2010, he premiered the full-length cartoon film Chico & Rita which he jointly directed with Fernando Trueba and produced the comic Chico & Rita, published by SinsEntido. The same publishing company was responsible for the illustrated book Los Garriris in 2011. He has collaborated with companies such as Memphis, Akaba, Bidasoa, BD Ediciones de Diseño, Moroso, Nani Marquina, Vorwerk, Equipaje, Alessi, Sangetsu, Magis, Cosmic, Amat3, Santa& Cole, Camper, The ConranShop, Lalique, Phaidon, Vondom, Uno Design, Magis, Leucos, Nemo Cassina, Mobles 114 and Artemide. Mariscal expresses himself through a personal language which is complex in its intention and simple in its statement, innocent yet provocative at the same time, which serves to innovate, take risks and communicate; to carry on exciting the eyes that look at his work and to create complicity with his interlocutor. He proposes a link with our Mediterranean culture and expresses a form of understanding the worlds and life with which we can connect effortlessly.

Javier Mariscal (Valencia, 1950) es ante todo un creador de imágenes que desarrolla su trabajo en todo tipo de soportes y disciplinas. El diseño de mobiliario, el interiorismo, el diseño gráfico, el paisajismo, la pintura, la escultura, la ilustración, el diseño web y multimedia y la animación son objeto de su actividad profesional.

En palabras suyas "Mi especialidad es ser creativo, innovador, estirar el lenguaje, tratar de hacer evolucionar los códigos, los signos, los mensajes gráficos. Ponerlos al día. Escuchar, ser esponja, observar, plasmar en imágenes lo que respira la sociedad, lo que creemos, los que nos emociona y las ideas que van cambiando, Para ello he usado cualquier sistema, lenguaje o disciplina que he tenido a mi alcance." Junto con el equipo de Estudio Mariscal, que fundó en 1989, ha realizado en los últimos años, entre otros muchos trabajos, el interiorismo y la gráfica de la tienda H&M de Barcelona, la colección para el contract de Uno Design, la planta11 del Hotel Puerta América Madrid del grupo Hoteles Silken, la imagen gráfica de la 32 edición de la America's Cup, la imagen y comunicación de Camper for Kids, la exposición sobre su trabajo Mariscal Drawing Life en el Design Museum de Londres, la pérgola escultórica para el Hospital Río Hortega de Valladolid, dos publicaciones monográficas: Mariscal Drawing Life y Sketches, la difusión de la nueva ley del menor de la Generalitat de Catalunya y la exposición retrospectiva Mariscal en La Pedrera. En 2010 se ha estrenado el largometraje de animación Chico y Rita que ha dirigido junto a Fernando Trueba, y se ha publicado el cómic Chico & Rita, editado por SinsEntido. En 2011 ha publicado, con la misma editorial, el libro ilustrado Los Garriris. Ha colaborado con empresas como Memphis, Akaba, Bidasoa, BD Ediciones de Diseño, Moroso, Nani Marquina, Vorwerk, Equipaje, Alessi, Sangetsu, Magis, Cosmic, Amat3, Santa & Cole, Camper, The ConranShop, Lalique, Phaidon, Vondom, Uno Design, Magis, Leucos, Nemo Cassina, Mobles 114 y Artemide. Mariscal se expresa a través de un lenguaje personal, complejo en su intención y sencillo en su manifestación, inocente y provocador a la vez, que le sirve para innovar, arriesgarse y comunicar; para seguir haciendo cosquillas a los ojos que miran su obra y crear complicidad con el otro. Nos propone un vínculo con nuestra cultura mediterránea, y expone una forma de entender el mundo y la vida con la que conectamos sin esfuerzo.

ESTUDIO MARISCAL
mariscal.com

designer: Javier Mariscal

THE CONRAN SHOP

The prestigious Sir Terence Conran stores in London and Paris hire Mariscal Studio (Estudio Mariscal) for the packaging of a cheaper new line geared to the young generation. The calm, friendly and colorful image distinguishes the collection from the rest of the products, stresses its affordable character and helps establish a fast and easy emotional connection with the object. The success of this collection comes from a good idea, materialized in a collection of good products and wrapped in an optimistic image that adds value to the sale.

Las tiendas en Londres y Paris del prestigioso Sir Terence Conran encarga a Estudio Mariscal el packaging de una nueva colección más económica dirigida a un público joven. La imagen desenfadada, amable y colorista distingue la colección del resto de productos, destaca su carácter asequible y ayuda a establecer una relación emocional con el objeto fácil y rápida. El éxito de esta colección parte de una buena idea, materializada en una selección de buenos productos y envuelta con una imagen optimista que añade valor a la oferta comercial.

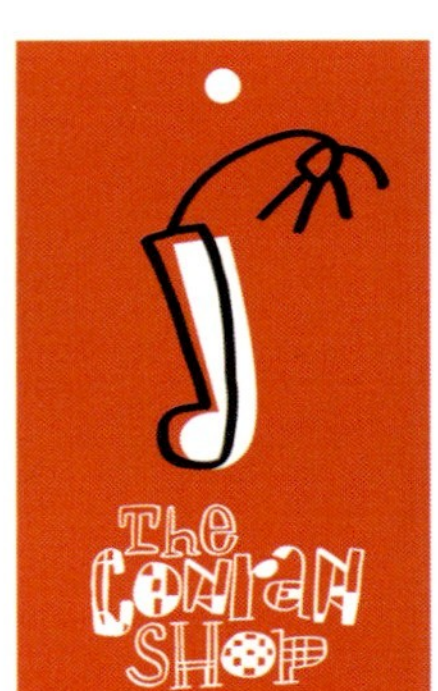

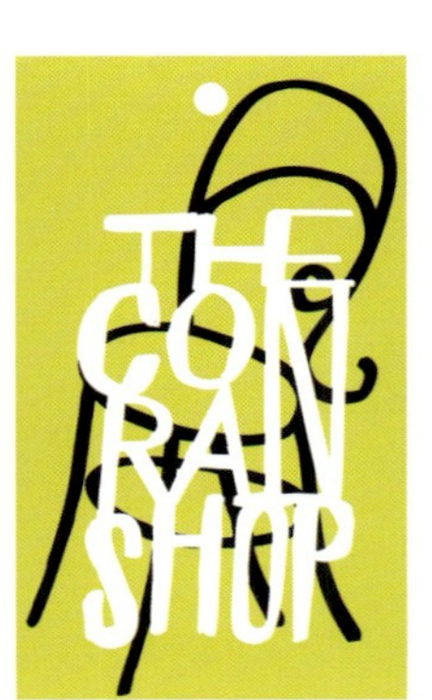

TRAGALUZ

Group Tragaluz, with eight restaurants of fusion cuisine in Barcelona, decides to renovate the representation of its establishments. An exquisite interior design, signed by Sandra Tarruella, and a very selective cuisine characterize the restaurant.
The artistic and sophisticated image on the pieces edited for the restaurant, and the intervention on the main wall, made with original papers of Mariscal, contributes to place the main restaurant of the group in its corresponding role.

El grupo Tragaluz, que cuenta con ocho restaurantes de cocina de fusión en Barcelona, decide renovar el más emblemático de sus establecimientos. Un diseño interior exquisito, firmado por Sandra Tarruella, y una cocina muy cuidada caracterizan el restaurante.
La imagen artística y sofisticada en las piezas editadas para el restaurante, y la intervención en la pared principal, realizada con papeles originales de Mariscal, contribuye a situar el principal restaurante del grupo en el rol que le corresponde.

ESTUDIO MARISCAL
mariscal.com

designer: Javier Mariscal

H&M

The graphic spins-off from the H&M slogan, "Fashion available for everybody." Diverse clothing for diverse people. H&M's trend is the sum of many trends and styles. Children, young people, not that young, mature, veterans can find something here that adapts to their personality. People that go with the latest, neohippies, glamorous, modern, fashion victims, housewives, models or college students. Everyone is the twelve faces that complete this image and communication project for H&M. They form a melting pot of normal people that upon passing through Javier Mariscal's strokes become "cover faces" integrated into the design layout, where H&M's logo is the header. These twelve anonymous faces develop their own personality and form the image and advertising/promotion/marketing of H&M stores.

La gráfica arranca del lema de H&M "Fashion available for everybody". Ropa diversa para gente diversa. La tendencia de H&M es la suma de muchas tendencias y estilos. Niños, gente joven, no tan joven, maduras, maduros, veteranos y veteranas pueden encontrar aquí algo que se adapte a su personalidad. Gente que va a la última, neohippies, glamurosas, modernos, fashion victims, amas de casa, modelos o colegialas. Everybody son las doce caras que conforman este proyecto de imagen y comunicación para H&M. Forman un crisol de gente normal que al pasar por el trazo de Javier Mariscal se convierten en "rostros de portada" integrados en el diseño del layout, donde el logotipo de H&M es la cabecera. Estos doce rostros anónimos cobran personalidad propia y construyen la imagen y la comunicación de esta tienda de H&M.

ESTUDIO MARISCAL
mariscal.com

ESTUDIO MARISCAL
mariscal.com

designer: Javier Mariscal

CAMPER FOR KIDS

Camper has created a new line of product for the young audience. The strategy adopted to shape the image and promotion has been to directly address children, considering them as intelligent subjects, more intuitive than adults and very creative. To connect with them, he has placed the brand in their territory, in a chaotic, unruly and absurd universe that only children know how to interpret. That's why the mutual understanding that this visual language establishes between the product and the receiver is immediate.

Camper ha creado una nueva linea de producto para el público infantil. La estrategia adoptada para construir su imagen y comunicación ha sido dirigirse directamente a los niños, considerándolos sujetos inteligentes, más intuitivos que los adultos, y mucho más creativos. Para conectar con ellos, se ha situado la marca en su territorio, en un universo caótico, transgresor y absurdo que solo los niños saben interpretar. Por eso la complicidad que establece este lenguaje visual entre el producto y su receptor es inmediata.

PER

KIDS

ÉCOUTE LE SON DE TES CHAUSSURES

TOORMIX

toormix.com

Toormix is a design studio located in Barcelona that specializes in branding, art management, creativity and graphic design created in 2000 by Ferran Mitjans and Oriol Armengou. They have worked with clients such as: Desigual, Camper, Spain USA Foundation, H10 Hotels, Ministerio de Cultura, Ajuntament de Barcelona, l'Auditori or chef José Andrés among many others.
Toormix work structure is based on the strategic collaboration with the client. They work the ideas through the concepts using innovative design proposals seeking always the visual attraction and clear and coherent speech.
Simultaneously along with the projects for their clients, they work on their own line of visual and graphic research in a new workspace they have established outside the studio. Proposals that help Toormix to discover new ways to approach the creation to then apply subsequently on real projects and which they advertise in the area of "Taller" on the web.
Toormix "plays" with the brands, because playing means not being afraid, to always go beyond, take on new risks, question approaches and create new paths.

Toormix es un estudio de diseño ubicado en Barcelona especializado en branding, dirección de arte, creatividad y diseño gráfico creado en 2000 por Ferran Mitjans y Oriol Armengou. Han trabajado con clientes como Desigual, Camper, Spain USA Foundation, H10 Hotels, Ministerio de Cultura, Ajuntament de Barcelona, l'Auditori o el chef José Andrés entre muchos otros.
El sistema de trabajo de toormix se basa en la colaboración estratégica con el cliente. Trabajan las ideas a través de los conceptos mediante propuestas de diseño innovadoras buscando siempre la atracción visual y un discurso claro y coherente.
Paralelamente a los proyectos para sus clientes, trabajan una línea propia de investigación visual y gráfica en un nuevo espacio taller que han ubicado fuera del estudio. Propuestas que ayudan a toormix a descubrir nuevas formas de abordar la creación para aplicar posteriormente también a proyectos reales y que publican en el apartado "Taller" de la web.
En toormix "juegan" con las marcas, porque jugar significa no tener miedo, ir siempre más allá, asumir nuevos retos, cuestionar planteamientos y crear nuevos caminos.

Deu
Marques
Dissenys
Llibres
Revistes
Catàleg
Idees
Cases creatives
Cartells
Webs
Anuncis
small.
MIRACLE
A LA
CASA
NEGRA
2010
toormix
ON

Park
here
Wel
come
Do not
enter

Deu

TOORMIX
toormix.com

designers: Ferran Mitjans, Oriol Armengou

VINS CATALANS

Brand creation, graphic code and advertising Catalonian wines producer's promotional project for domestic and international markets.
A project that seeks to improve the consumption and presence of local wines not only in stores, but also in restaurants.
A brand of 12 variations (there are many in Cataluña such as Origin Denominations) and that is expressed with the graphic synthesis of the territory, land and climates of the different DO through a graphic code distinctive of the usual of the sector. Within the project the expansion of the brand in advertising has been worked on for the place of sale (restaurants and stores), for the press with phrases from prescribed characters, different supporting materials and merchandising the campaign.

Creación de la marca, código gráfico y comunicación para un proyecto de promoción de los vinos catalanes para el mercado interno e internacional. Un proyecto que busca mejorar el consumo y la presencia de los vinos locales tanto en bodegas como en restaurantes.
Una marca con 12 variaciones (tantas como Denominaciones de Origen hay en Cataluña) y que se expresa con la síntesis gráfica del territorio, el terruño y la climatología de las diferentes DO a través de un código gráfico diferente al habitual del sector. Dentro del proyecto se ha trabajado la extensión de la marca en comunicación para el punto de venta (restaurantes y bodegas), para prensa con frases de personajes prescriptores y los diferentes materiales de apoyo y merchandising de la campaña.

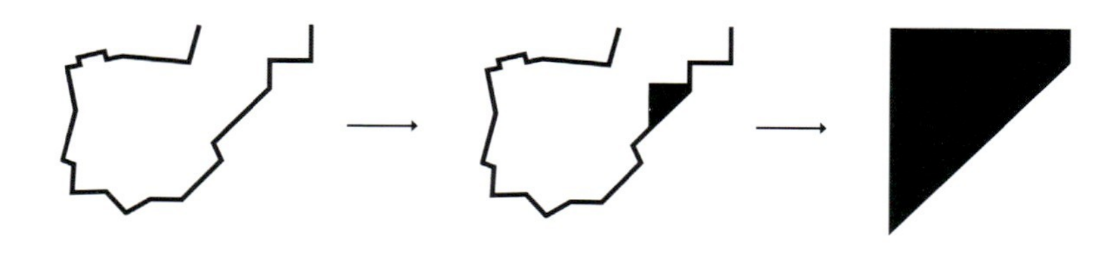

TOORMIX
toormix.com

designers: Ferran Mitjans, Oriol Armengou

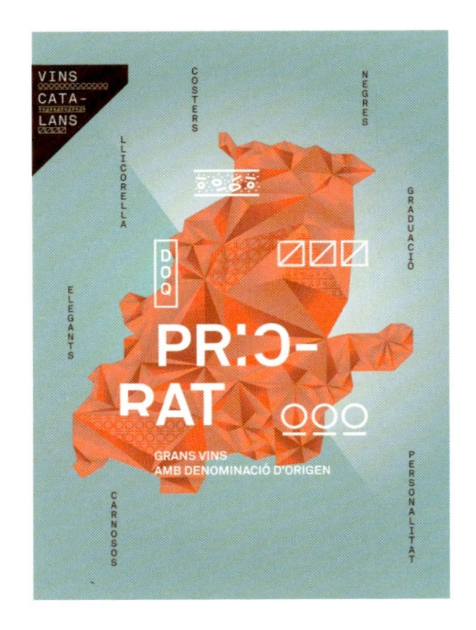

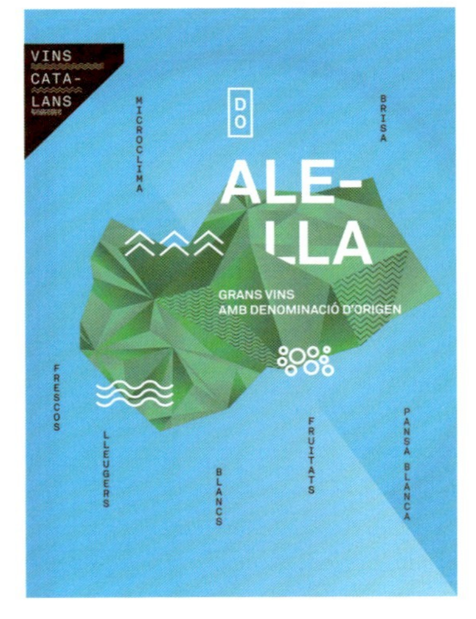

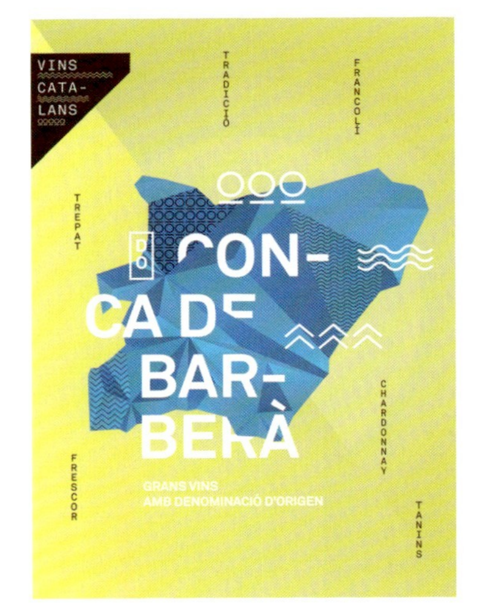

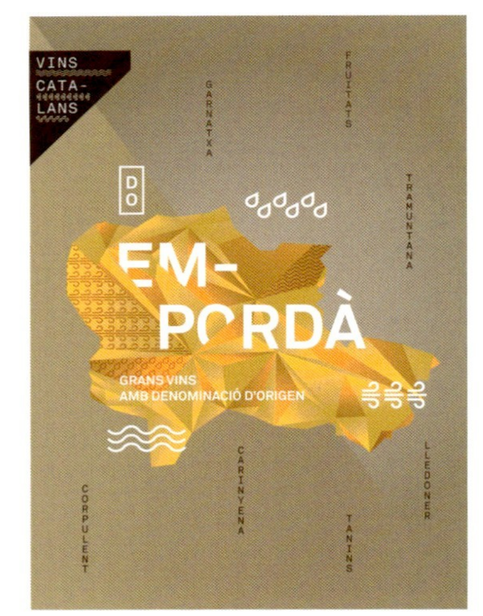

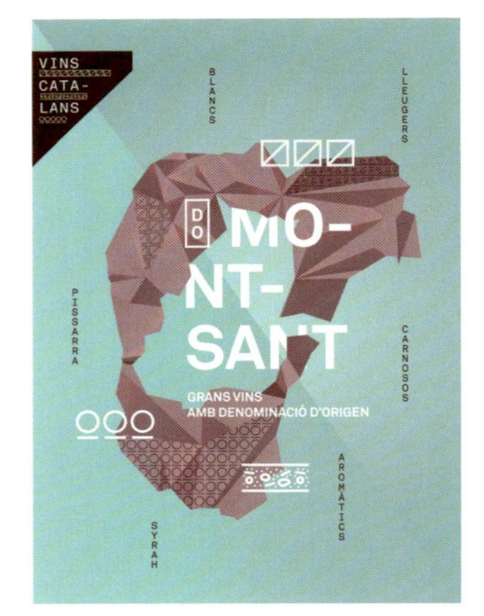

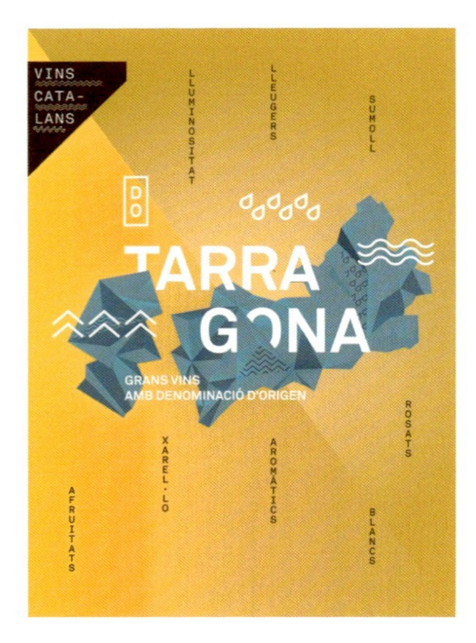

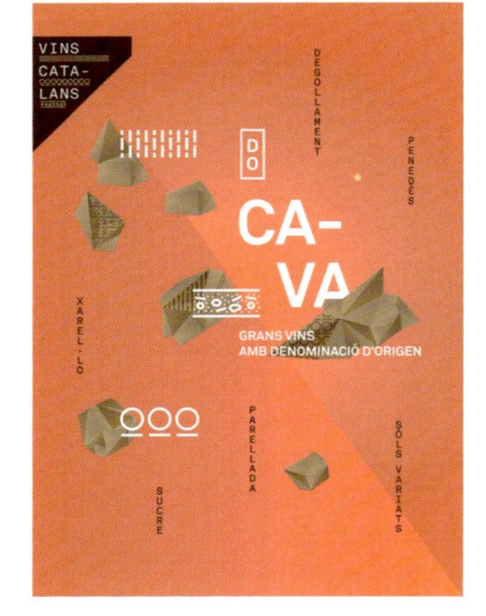

TOORMIX
toormix.com

Terrain Vineyard Orientation Wind Humidity Sun Temperature Mountain Sea/River Rain Cold weather

TOORMIX
toormix.com

designers: Ferran Mitjans, Oriol Armengou

TOORMIX
toormix.com

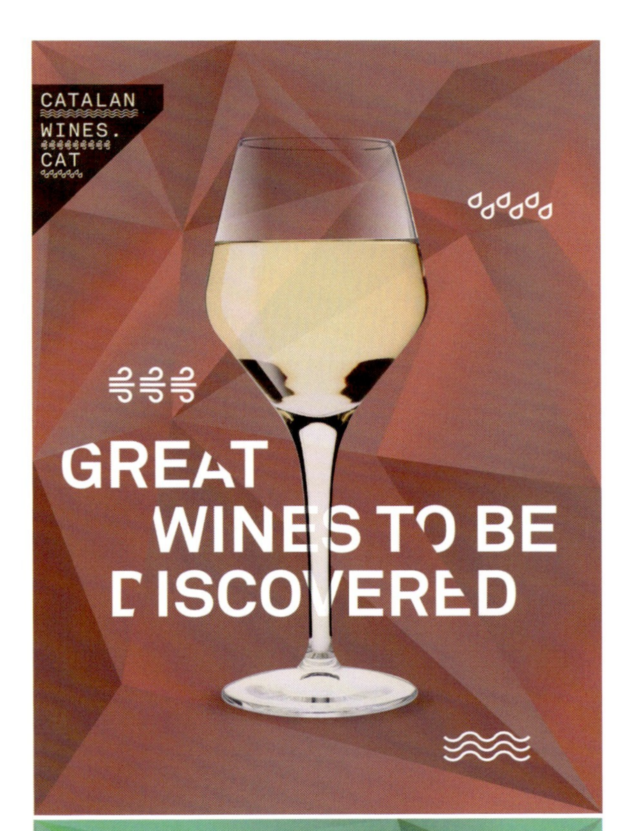

TOORMIX
toormix.com

designers: Ferran Mitjans, Oriol Armengou

RESTAURANTE CHINA POBLANO

China Poblano is a Mexican and Chinese cuisine restaurant located in the Las Vegas Cosmopolitan Hotel and managed by the Chef José Andrés.
The identity design plays with the iconography of both cultures and different graphic pieces are created for the restaurant: menus, cards, napkins, chopsticks and some elements of the restaurant's interior and facade.

China Poblano es un restaurante de cocina mejicana y china ubicado en el hotel Cosmopolitan de Las Vegas y dirijido por el chef José Andrés.
El diseño de identidad juega con la iconografía de ambas culturas y se desarrollan las distintas piezas gráficas para el restaurante: cartas, tarjetas, servilletas, palillos y algunos elementos de la fachada y el interior del restaurante.

TOORMIX
toormix.com

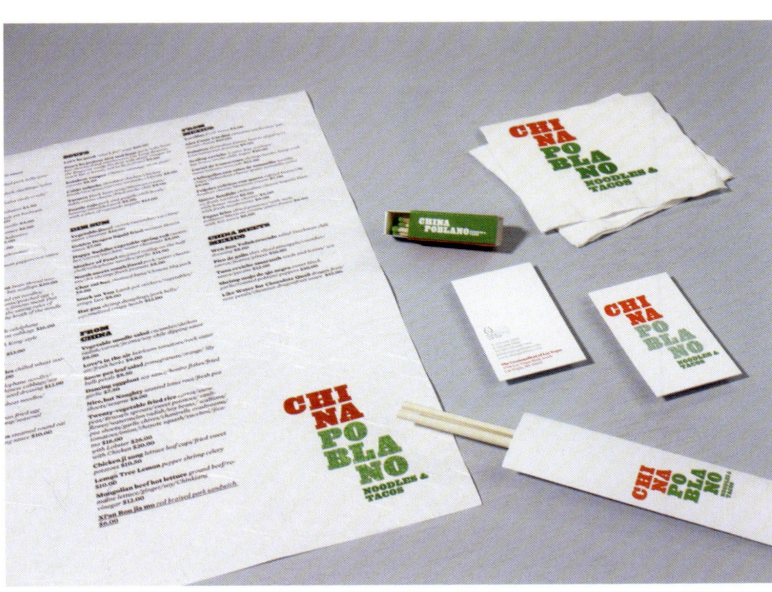

TOORMIX
toormix.com

designers: Ferran Mitjans, Oriol Armengou

TEATRO CIRCO PRICE

After three years working in the new promotion for Teatro Circo Price and demonstrating a clear change in its programming and opening to the public, it was necessary to change the image according to their new position. The project, therefore, is the highlight of this philosophy. The new image spins around the idea of space, a building with a 360 degree structure and a set of circles that provokes its format.

Después de tres años trabajando en la nueva comunicación del Teatro Circo Price y evidenciando un cambio un cambio claro en su programación y su apertura de públicos, se hizo necesario cambiar de imagen de acuerdo a su nuevo posicionamiento. El proyecto, por tanto, es la culminación de esta filosofía. La nueva imagen gira alrededor de la idea del espacio, un edificio con una estructura de 360 grados y el juego de círculos que provoca su formato.

TOORMIX
toormix.com

designers: Ferran Mitjans, Oriol Armengou

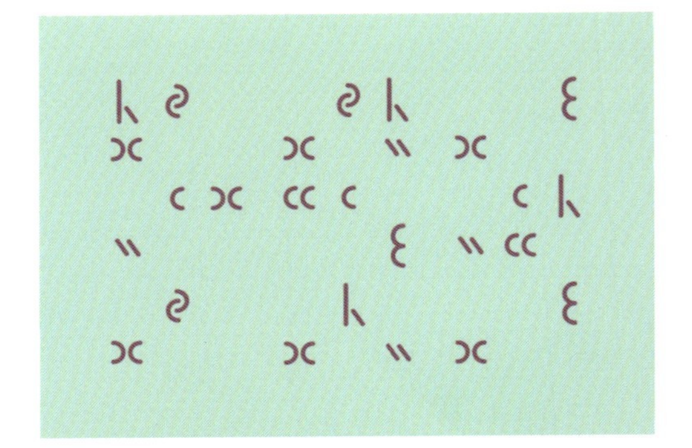

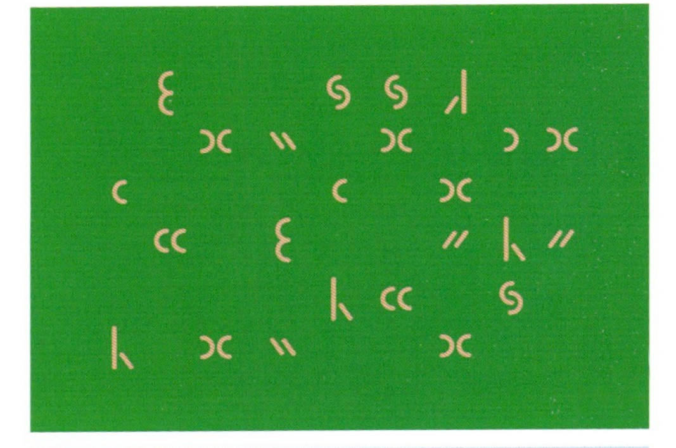

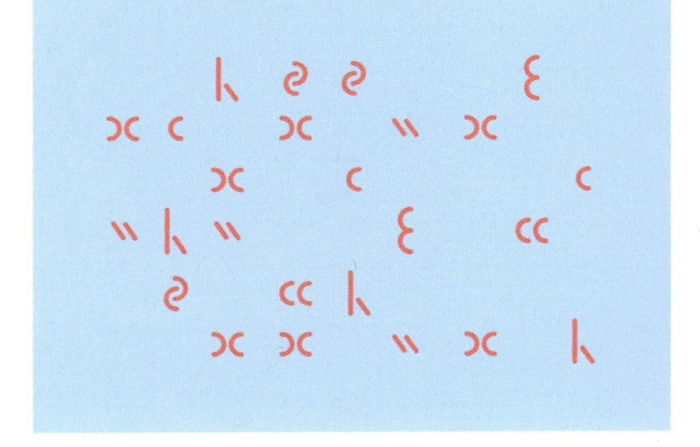

TEATRO CIRCO
PRICE
MADRID
Ronda de Atocha, 35
28012 Madrid
España
www.teatrocircoprice.es
info@teatrocircoprice.es
T. 91 527 98 65
¡MADRID!

TEATRO CIRCO
PRICE
MADRID
Ronda de Atocha, 35
28012 Madrid
España
www.teatrocircoprice.es
info@teatrocircoprice.es
T. 91 527 98 65
¡MADRID!

TEATRO CIRCO
PRICE
MADRID
Ronda de Atocha, 35
28012 Madrid
España
www.teatrocircoprice.es
info@teatrocircoprice.es
T. 91 527 98 65
¡MADRID!

TEATRO CIRCO PRICE
PRICE
TAQUILLA

TOORMIX
toormix.com

designers: Ferran Mitjans, Oriol Armengou

BETLEM

Brand design and graphic code, the elements of the features, corporate materials and use for el Betlem, an antique delicatessen of the Barcelonan extension now retransformed into a gastro-bar.

Diseño de la marca y su código gráfico, los elementos de fachada y los materiales corporativos y de uso para el Betlem, una antiguo colmado de delicatessen del ensanche Barcelonés reconvertido ahora en gastro-bar.

TOORMIX
toormix.com

TOORMIX
toormix.com

designers: Ferran Mitjans, Oriol Armengou

TOORMIX
toormix.com

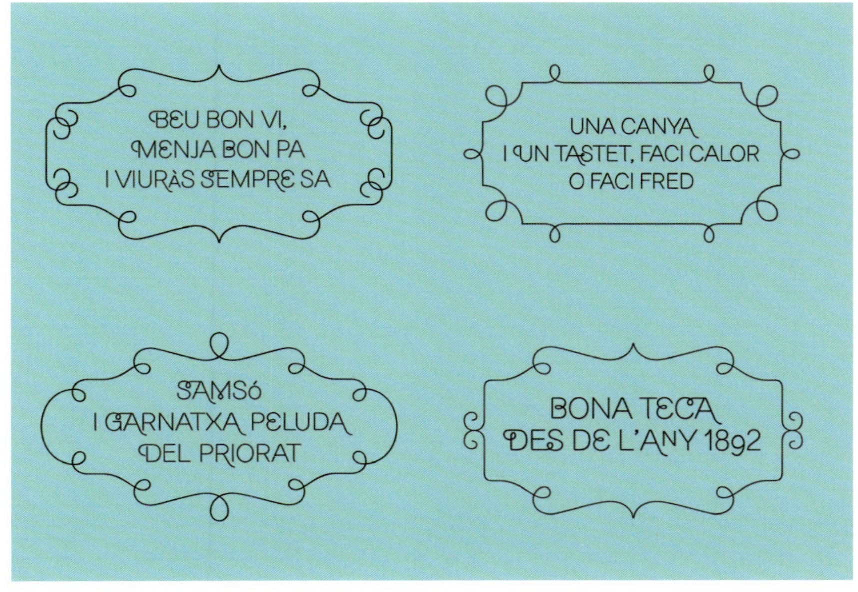

TOORMIX
toormix.com

designers: Ferran Mitjans, Oriol Armengou

TOORMIX
toormix.com

GRAFIKO

Redesign of the brand and corporate materials, graphic code creation and design of the promotional materials for Grafko printer of Barcelona, inspired by their tenth anniversary.

Rediseño de la marca y los materiales corporativos, creación del código gráfico y diseño de los materiales de comunicación para la imprenta Grafiko de Barcelona, con motivo de su décimo aniversario.

MIRINDA COMPANY

mirindacompany.com

I love working as a graphic artist. I do not design a project without creativity. The creative process demands confidence and freedom, the freedom opens doors, finds paths, finds answers, imagination, illusion, uniqueness, says something new, and freshness. The relationship with the client is important, you have to understand each other, roll up your sleeves--the studio does not work for the client, we work with the client, to form a team.
Marina Company makes design projects that include art management, corporate identity, graphic design, advertising and packaging.

Me gusta trabajar como una artesana del grafismo. No concibo un proyecto sin creatividad. El proceso creativo exige confianza y libertad, la libertad abre puertas, halla caminos, genera respuestas, imaginación, ilusión, singularidad, decir algo nuevo, aire fresco. La complicidad con el cliente es importante, hay que entenderse, arremangarse, en el estudio no se trabaja para el cliente, se trabaja con él, haciendo equipo.
Marina Company realiza proyectos de diseño que incluyen la dirección de arte, identidad corporativa, diseño gráfico, publicidad y packaging.

magination walks
LAUNDRY BAG

MIRINDA COMPANY

mirindacompany.com

designer: Marina Company
creative director: Montse Novau
photographer: Andreu Buenafuente

ROCA VILLAGE

Christmas Packaging and flyers to raise money for school supplies for the center of Madagascar Yamuna.

Packaging de navidad y flyers para recaudar fondos para material escolar para el centro Yamuna de Madagascar.

MIRINDA COMPANY

mirindacompany.com

designer: Marina Company
photographers: Bèla Adler & Salvador Fresneda
adlerfresneda.com
ultima-parada.com

DÈJA VU BISTROT

Image to Corçà restaurant.

Imagen para restaurante en Corçà.

BAR BISTRÓ Y MUEBLES EN CORÇÀ. Y...LOS SÁBADOS FLEA MARKET!

muebles originales
ropa vintage
mesas y sillas de cocina
plantas aromáticas
espejos
jarrones sesenteros
lámparas de colores

frescas ensaladas
pollo al curry
crujientes croquetas
plato sorpresa del día
tartas caseras
mojitos
ingredientes ecológicos

ÚLTIMA PARADA
Venta y alquiler de lámparas, muebles y objetos del S.XX
Carretera de Corça
a La Bisbal, C-66 Km 12,5
T- 615065303 o 972630559
www.ultima-parada.com

LOS SÁBADOS, ESPECIAL BRUNCH!! BAR BISTRÓ Y FLEA MARKET EN CORÇÀ.

muebles originales
ropa vintage
mesas y sillas de cocina
plantas aromáticas y flores
espejos con marcos de hierro
jarrones sesenteros
mermeladas
lámparas de colores

frescas ensaladas
pollo al curry
crujientes croquetas
plato sorpresa del día
tartas caseras
mojitos
ingredientes ecológicos
de 10 a 20 hs.

ÚLTIMA PARADA
Venta y alquiler de lámparas, muebles y objetos del S.XX
Carretera de Corça
a La Bisbal, C-66 Km 12,5
T- 615065303 o 972630559
Sólo a una hora de barcelona!

MIRINDA COMPANY
mirindacompany.com

designer: Marina Company
illustrator: Marta Zafra

EL LABORATORIO

The new corporate image of this advertising agency sought to get away from their previous severe image, that did not identify them at all. It dealt with displaying the image of the laboratory as space, through color and optimism. We had to convey what makes up a laboratory from ideas that each day there is a discovery, things are tested, and experiments are performed.
An attitude defined by curiosity, fascination and enthusiasm. The agency's philosophy wanted to show an honest, playful and completely ambitious image.

La nueva imagen corporativa de esta agencia de publicidad buscaba huir de su anterior imagen austera, con la que no se identificaba. Se trataba de reflejar la idealización del laboratorio como espacio, a través de color y optimismo. Había que transmitir que constituye un laboratorio de ideas en el que cada día hay algún descubrimiento, se prueban cosas, se experimenta. Un estado de ánimo hecho de curiosidad, fascinación y entusiasmo. La filosofía de la agencia quería mostrar una imagen honesta, lúdica y en absoluto pretenciosa.

el laboratorio

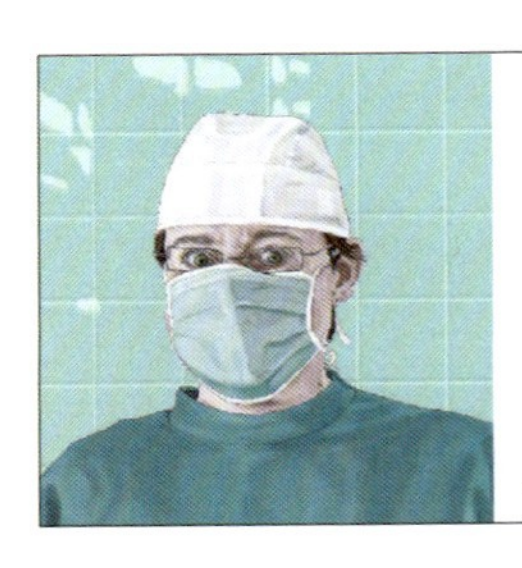

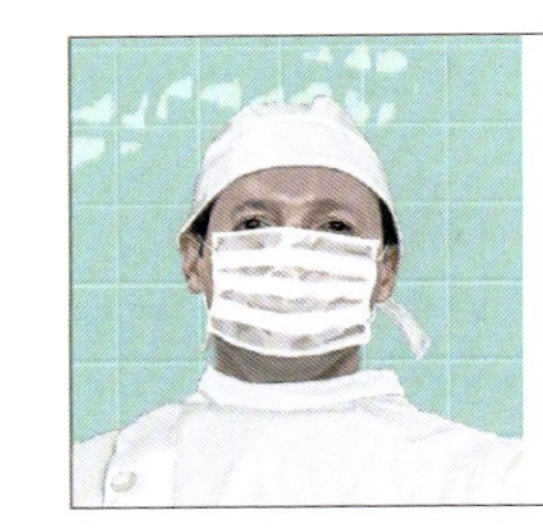

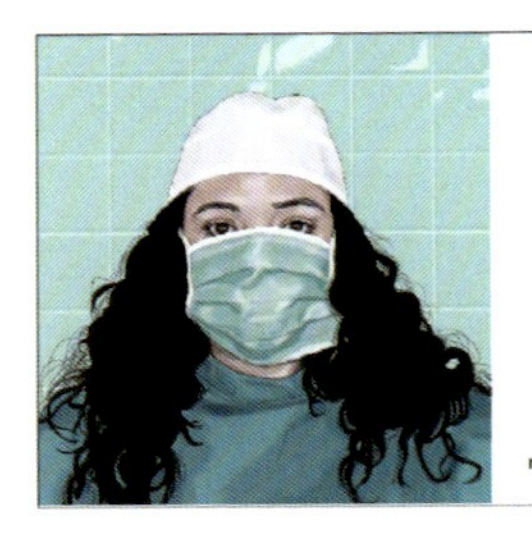

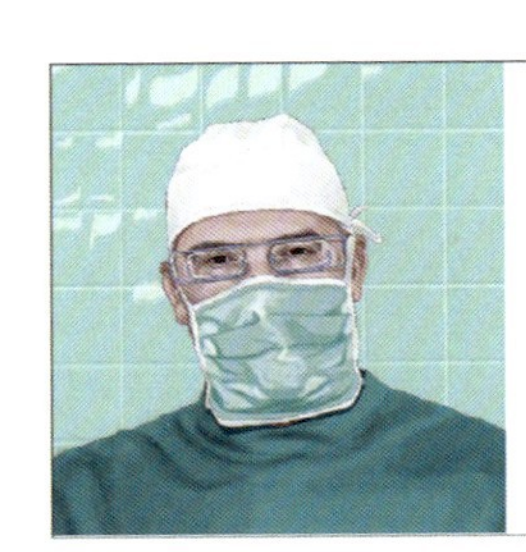

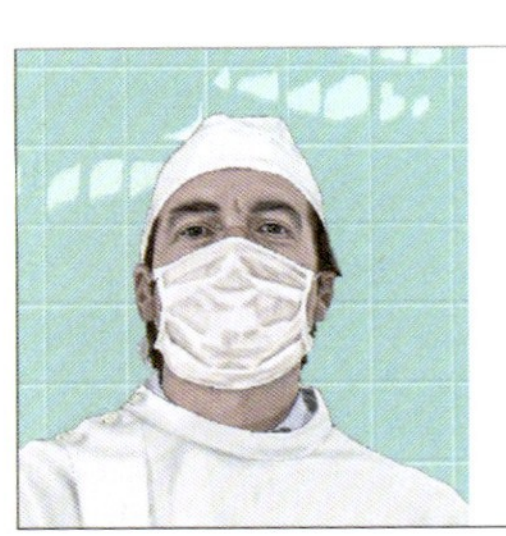

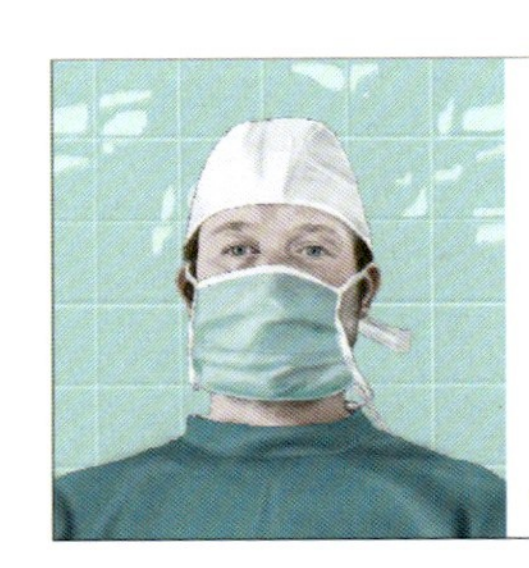

MIRINDA COMPANY
mirindacompany.com

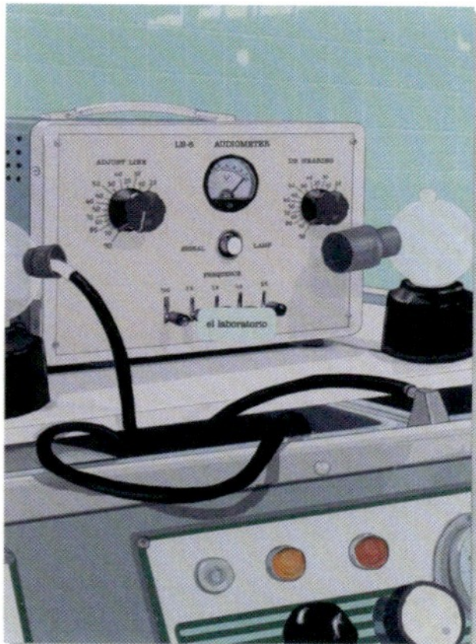

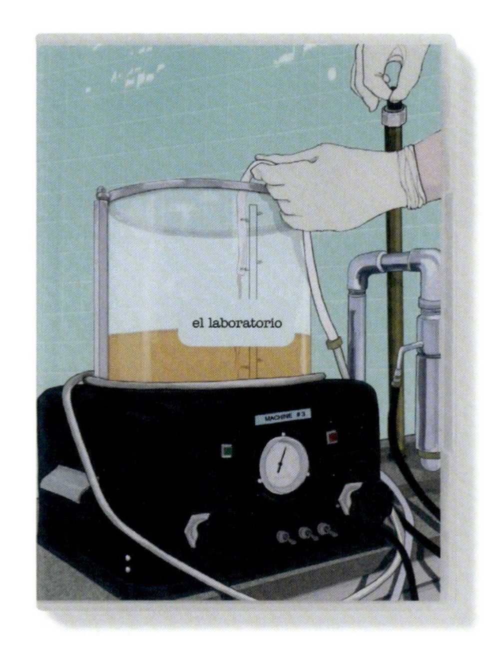

MIRINDA COMPANY
mirindacompany.com

designer: Marina Company
photographer: Txema Salvans

agosto

AGOSTO

The image of the producer Agosto was created by the concept of Mediterranean summer: warm, festive, close.
Txema Salvans photographic files were accessed to select the images closest to the idea, photographs conveying, almost like post cards, like a Spanish souvenir, a summery feeling of relaxation, friends, humor and conversation.

La imagen de la productora Agosto se creó a partir del concepto del verano mediterráneo: caluroso, festivo, cercano. Se accedió al archivo fotográfico de Txema Salvans para seleccionar las imágenes más próximas a la idea de partida, fotografías que transmiten, casi como postales, como un souvenir español, una sensación veraniega de relajación, amistades, humor y charla.

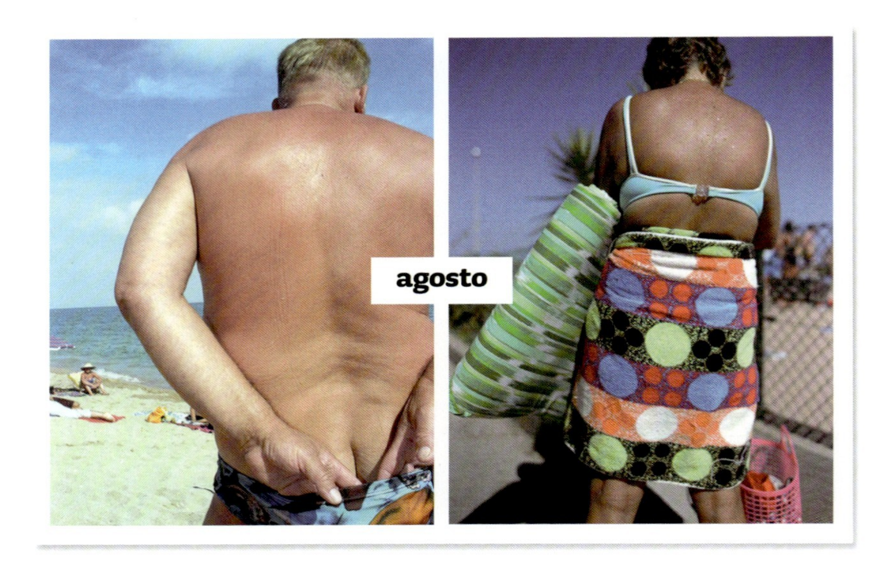

MIRINDA COMPANY
mirindacompany.com

Álava 140 s.át. 08018 barcelona. spain. t.+34 902 325 535 f.+34 902 325 536 agosto@agosto.tv www.agosto.tv

MIRINDA COMPANY
mirindacompany.com

designer: Marina Company
illustrator: Eric Feng / feric.com

THE FRANK BARTON COMPANY

Frank Barton Company is an animation production and advertising postproduction firm.
Each of the members chose an object that we converted into precision mechanisms. Eric Feng is who has illustrated each piece.
They are a very special company where the image is the sum of the whole team.

Frank Barton Company es una compañía de Producción de animación y postproduccion para publicidad.
Cada uno de los componenetes eligió un objeto que convertimos en mecanismos de precisión. Eric Feng es quien ha ilustrado cada pieza. Son una empresa muy especial donde la imagen es la suma de todo un equipo.

MIRINDA COMPANY
mirindacompany.com

MIRINDA COMPANY
mirindacompany.com

designer: Marina Company
creative director: Montse Novau
production manager: Maisa Batet

TOUS

For the packaging of the jeweler Tous, an identity based on the color was developed. A chromatic spectrum that is added by combining the different components: bags, box, paper...
Round, in 5 colors, the boxes can be superimposed as if they were cakes. They are closed with elastic hanging like a jingle bell. The bags combine the external color with the black interior. It's a playful and honest pack that stays away from tendentious designs. Although a particularly feminine and chic image has been sought, the use of the color can appeal to the masculine audience as well as the baby world.

Para el packaging de joyería Tous, se construyó una identidad basada en el color. Una gama cromática que se suma al combinar los diferentes elementos: bolsa, caja, papeles...
En redondo, en 5 colores, las cajas se pueden superponer como si fueran pasteles. Se cierran con un elástico del que cuelga un cascabel. Las bolsas combinan el color en el exterior con el negro interior. Es un pack lúdico y honesto que huye del diseño tendencioso. Aunque se ha buscado transmitir una imagen particularmente femenina y chic, el uso del color permite tambien acercarse al público masculino y al mundo del bebé.

International magazine campaigns:
Jewel Valentine's and Mother's Day.
photographer: Sara Zorraquino

Campaña internacional revistas:
Joya San Valentín y Día de la madre.

Valentine's day

New York . Los Angeles . San Francisco . Las Vegas . Palo Alto . Miami . Palm Beach . Chicago . Boca Raton
Atlanta . Dallas . San Antonio . Orlando . Houston . San Diego . Scottsdale . Atlantic City . Washington DC
Pendants made of yellow and white gold with diamonds, yellow gold and sterling silver . www.tous-shop.com

TOUS
jewelers since 1920

Valentine's day

Colección especial para el día de San Valentín disponible en plata de primera ley y oro de 18kt con diamantes
Desde xxx hasta xxx

TOUS
joyeros desde 1920

Valentine's day

New York . Los Angeles . San Francisco . Las Vegas . Palo Alto . Miami . Palm Beach . Chicago . Boca Raton
Atlanta . Dallas . San Antonio . Orlando . Houston . San Diego . Scottsdale . Atlantic City . Washington DC
Pendants made of yellow and white gold with diamonds, yellow gold and sterling silver . www.tous-shop.com

TOUS
jewelers since 1920

mother's day

Corazón especial para el Día de la Madre en oro, oro con diamantes y plata. Desde 90€ hasta 1000€

TOUS
tous.com

PUIGDEMONT ROCA DESIGN AGENCY

puigdemontroca.com

PUIGDEMONT ROCA was born from the wish of creating an agency able to offer a new work philosophy, which solves every single need of any single company within Design and Comunication fields.

Backed up with a long experience, is the centre of a new professionals network focused in different areas of Design and Comunication World. They resolve quick and effectively any project, in a clever way, and working through different and innovative techniques which communicate, and transmit the client's brand values.

PUIGDEMONT ROCA nace de la voluntad de crear una agencia capaz de ofrecer una nueva filosofía de trabajo, que solucione todas y cada una de las necesidades de cualquier empresa en los ámbitos del diseño y la comunicación.

Con una avalada experiencia, es el núcleo de una red de nuevos profesionales especializados en distintas áreas del mundo del diseño y de la comunicación, que solucionan con rapidez y eficacia cualquier proyecto que se les plantee, de manera inteligente y realizando trabajos diferentes e innovadores que comuniquen y, sobre todo, transmitan los valores que deben transmitir.

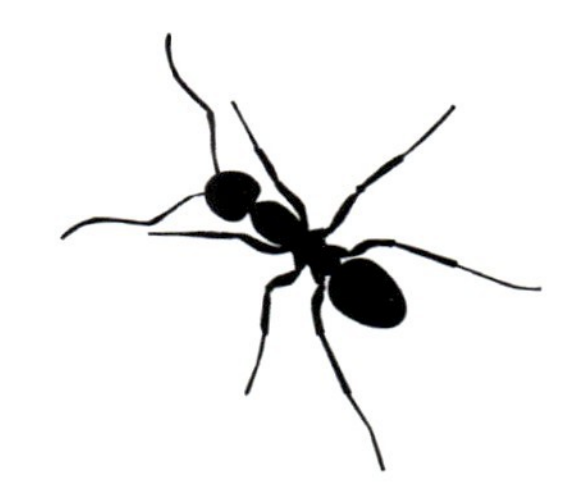

PUIGDEMONT ROCA DESIGN AGENCY
puigdemontroca.com

designer: Albert Puigdemont

Q

Poker concept creation and subsequent application of this concept to a gin intended to nightlife.

Creación del concepto póquer y posterior aplicación de este concepto a una ginebra destinada a locales de ocio nocturno.

PUIGDEMONT ROCA DESIGN AGENCY
puigdemontroca.com

EBB

Geneva for the general consumer with the proposed name for the same customer who was looking for a great visual impact in a linear sell products packed better positioned.

Ginebra destinada al gran consumo, con denominación propuesta por el mismo cliente, que buscaba un gran impacto visual en un lineal de venta repleto de productos mejor posicionados.

PUIGDEMONT ROCA DESIGN AGENCY

puigdemontroca.com

INCENSE

The client set to launch a product on the market until that moment changed: a chocolate liquor, which he had produced a very innovative formula.
The objective of the project was to find an image that conveyed everything associated with the chocolate universe, adding a touch of sophistication, and above all, in real time.

El cliente apostó por lanzar al mercado un producto hasta ese momento desvirtuado: un licor de chocolate, para el que había encontrado una fórmula de resultados muy innovadores.
El objetivo del proyecto era conseguir una imagen que transmitiera todo el universo asociado al chocolate, añadiendo un toque de sofisticación, y sobre todo, de actualidad.

NINA

Packaging proposal developed for Deliplus and focused on "Mother's day". Following the clients briefing, that had red and white colors as the foundation, different proposals were presented with different concepts, seeking always to impact and convey quality.

Propuesta de packaging desarrollada para Deliplus y orientada al "Día de la Madre". Siguiendo el breafing del cliente, que tenía los colores rojo y blanco como base, se presentaron diferentes propuestas con conceptos diferentes, buscando siempre impactar y transmitir calidad.

PUIGDEMONT ROCA DESIGN AGENCY
puigdemontroca.com

FLAMS I CREMES

Desserts from traditional recipes with an image that conveys the concept of product life-but updated to fit current needs.

Postres a partir de recetas tradicionales con una imagen que transmite el concepto de productos de toda la vida pero actualizados para adaptarse a las necesidades actuales.

PUIGDEMONT ROCA DESIGN AGENCY
puigdemontroca.com

PUIGDEMONT ROCA DESIGN AGENCY
puigdemontroca.com

designer: Albert Puigdemont

5TH

5th is the fifth gin by Sorel, a company with 135 years of tradition that seeks a niche and place itself in the gin market through a range of products. With a second series of three different distilled liquors and thanks to the in-depth work on the design, we have achieved to reposition the average priced product that conveys an image more appropriate of a superior segment. On the second edition, the bottle and the cork have been modified and, the label has been adapted on the new container to consolidate the whole product on the market.

5th es la quinta ginebra de Sorel, una empresa con 135 años de tradición que busca hacerse un hueco y posicionarse en el mercado de las ginebras mediante esta gama de productos. Con una segunda serie de tres destilados diferentes, y gracias a una profunda labor de diseño, hemos conseguido reposicionar un producto de coste medio que transmite una imagen más propia de un segmento superior. En segunda edición se han modificado la botella y el tapón, y se ha adaptado la etiqueta al nuevo envase para consolidar del todo el producto en el mercado.

PUIGDEMONT ROCA DESIGN AGENCY
puigdemontroca.com

ESPLUGA+ASSOCIATES

espluga.net

Espluga + associates is a brand and design consultancy based in Barcelona.
Since 1992 we have been working along with brands helping them to connect with people through strategy, naming, packaging, identity and communication.

With 73 national and international awards and working for all kinds of companies around the world. Portugal, Russia, Netherlands, Great Britain, France, Argentina, Switzerland, Qatar, United Arab Emirates and, of course, Spain.

Espluga + associates es una asesoría de marcas y diseño con sede en Barcelona.
Desde 1992, hemos trabajado con marcas ayudándolas a conectar con el público mediante la estrategia, el nombre, el envase, la identidad y la comunicación.

Disponemos de 73 premios nacionales e internacionales y hemos trabajado para empresas de todo tipo por todo el mundo. Portugal, Rusia, Holanda, Gran Bretaña, Francia, Argentina, Suiza, Catar, los Emiratos Árabes Unidos y por supuesto, España.

OUR
LONDON
espluga+associates

ESPLUGA+ASSOCIATES
espluga.net

CLONOGRAPHY

An image campaign for Jofré using "clonography," a resource that originated in the studio practically at random, which we developed and researched by capturing architecture as the focus of attention. Jofré is a chain of high scale clothing and accessories stores, for men and women. It has an outstanding selection of known luxury brands, as well as other less known brands, but of the same quality.

Campaña de imagen para Jofré utilizando "clonografía", un recurso que nació en el estudio casi por azar y el cual desarrollamos e investigamos tomando a la arquitectura como foco de atención. Jofré es una cadena de tiendas de ropa y complementos, tanto para hombre como para mujer, de alta gama. Cuenta con una destacada selección de marcas de lujo conocidas, así como de otras menos mediáticas, pero de igual calidad.

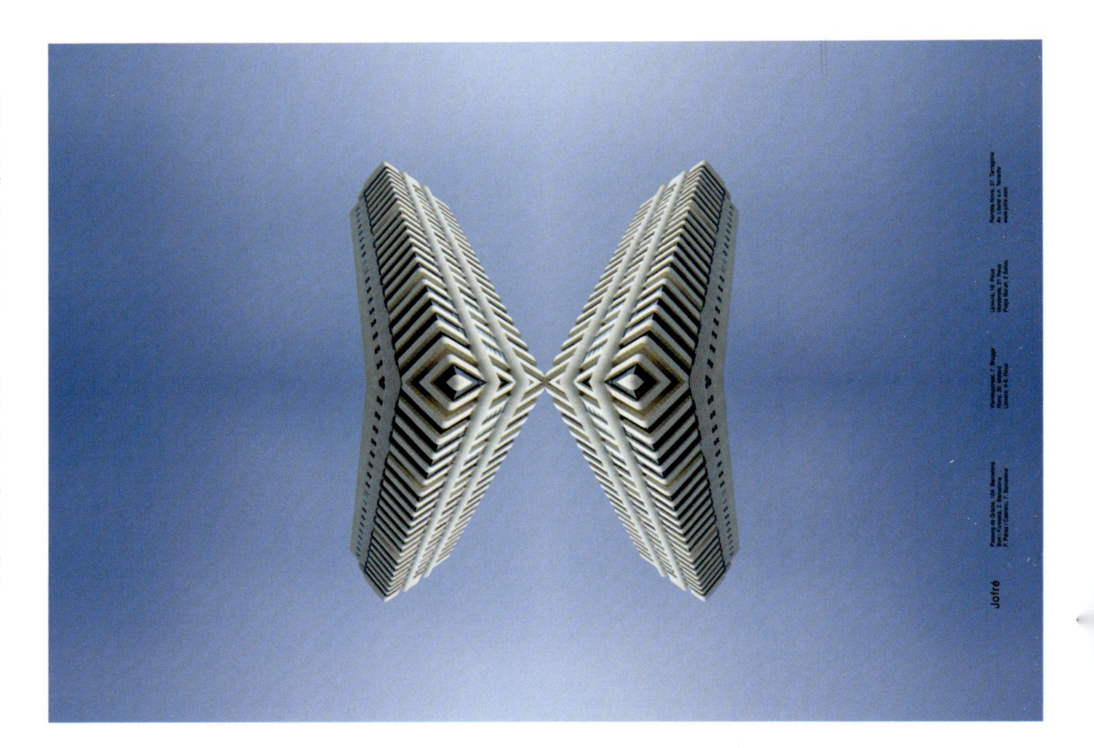

ESPLUGA+ASSOCIATES
espluga.net

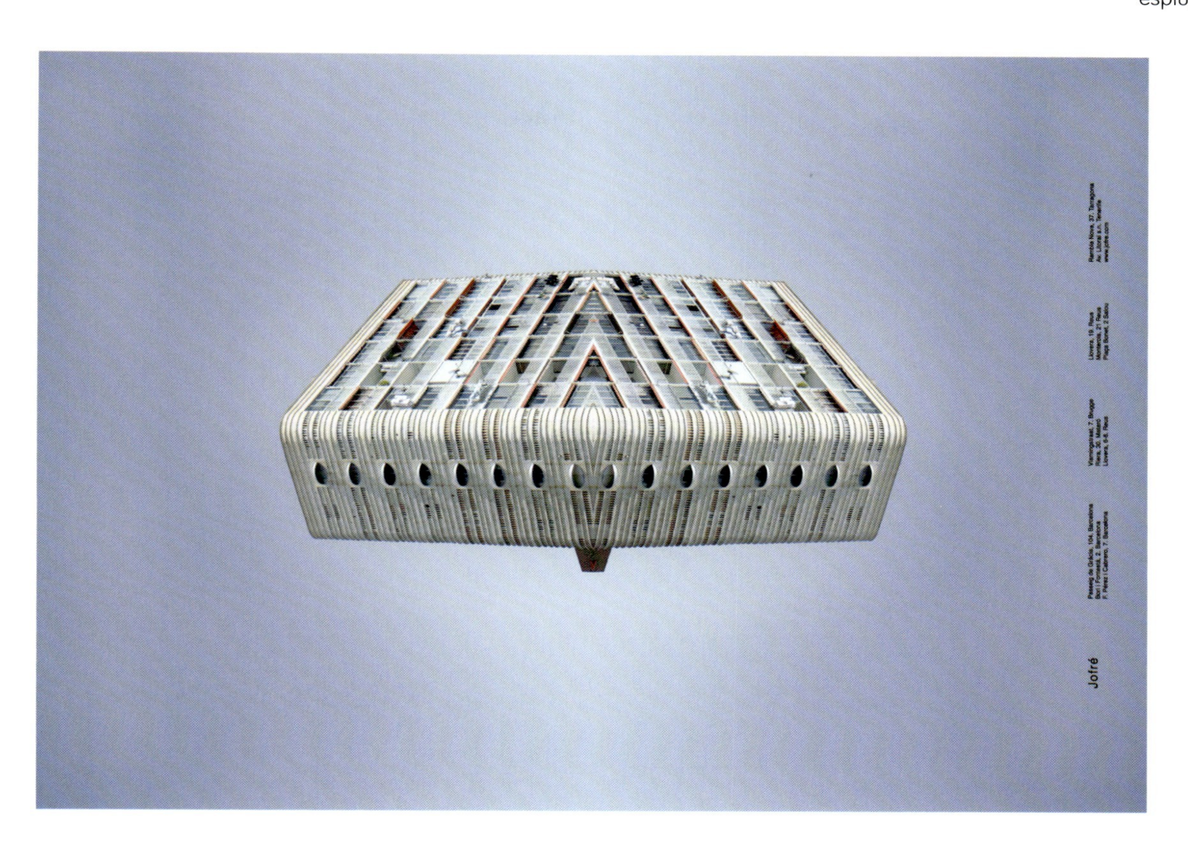

ESPLUGA+ASSOCIATES
espluga.net

BARCELONA REGIONAL

Visual identity for barcelona's urban development agency.

Identidad visual para la agencia de desarrollo urbano de Barcelona.

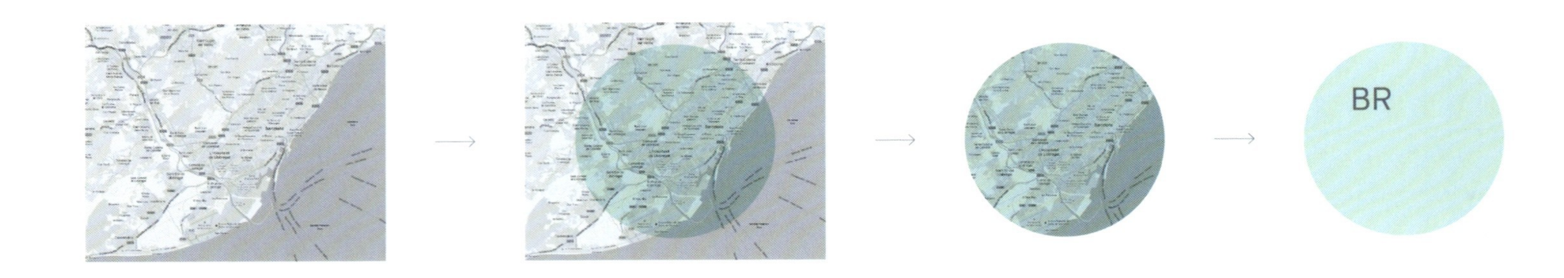

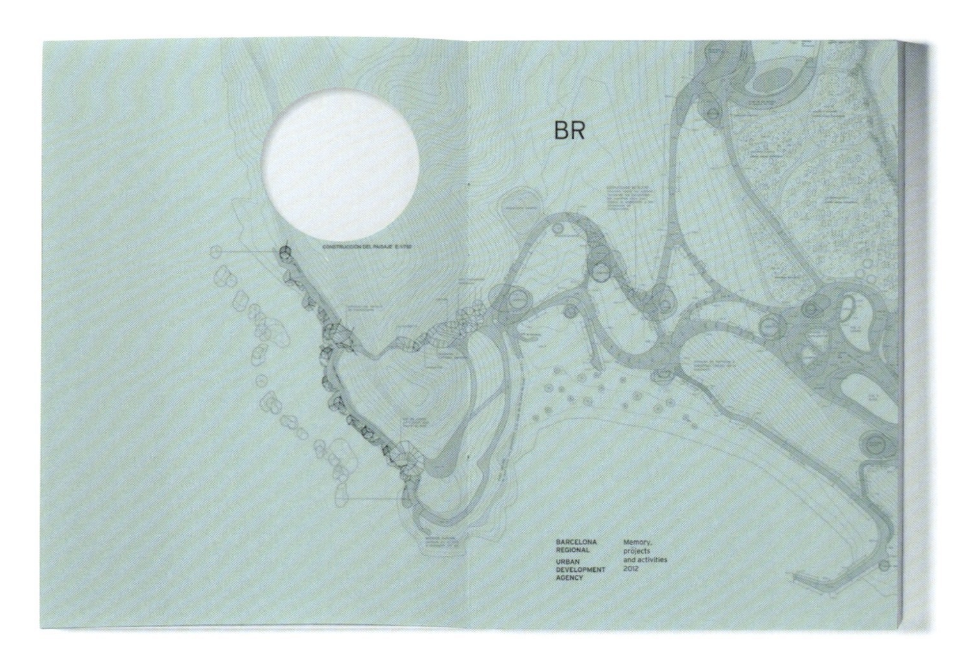

9:41 AM
BR
BARCELONA
REGIONAL
URBAN
DEVELOPMENT
AGENCY
N
NEWS
A
THE AGENCY
P
PROJECTS
T
TEAM
F
FUTURE
C
CONTACT

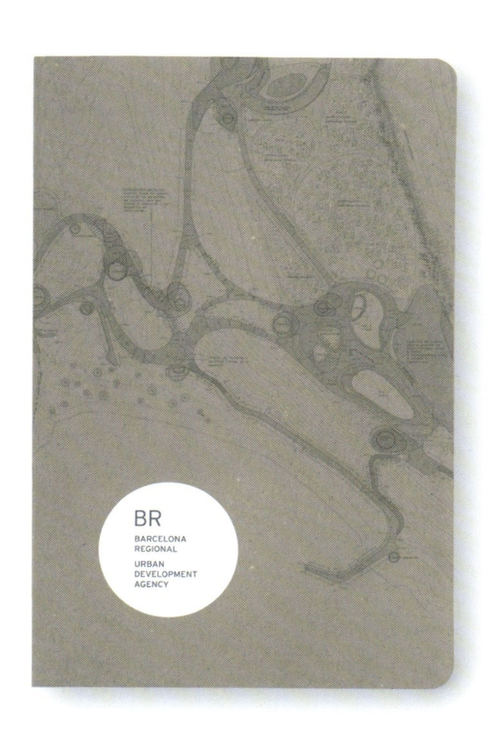
BR
BARCELONA
REGIONAL
URBAN
DEVELOPMENT
AGENCY

BR
BARCELONA REGIONAL
URBAN DEVELOPMENT AGENCY
CARRER 60, 25-27
EDIFICI Z, PLANTA 2
SECTOR A, ZONA FRANCA
08040 BARCELONA
www.bcnregional.com
br@bcnregional.com
T. +34 932 237 400

9:41 AM
Messages
Calendar
Photos
Camera
YouTube
Stocks
Maps
Weather
Notes
Utilities
iTunes
App Store
Settings
BR
Phone
Mail
Safari
iPod

ESPLUGA+ASSOCIATES
espluga.net

THE WORLD IN SEVEN ISLANDS

Identity for a cinema, tv and advertising production company based in the Canary Islands. The vast quantity of locations, the contrasts and the weather give the Islands a unique environment for shootings.

Identidad para una productora de cine, televisión y publicidad con sede en las Islas Canarias. Los contrastes, la gran cantidad de localizaciones y el clima hacen de las islas un entorno único para rodajes.

ESPLUGA+ASSOCIATES
espluga.net

ESPLUGA+ASSOCIATES
espluga.net

MESOESTETIC MEN

Packaging for men's mesoestetic line. The relevance is the product itself: a growing hair delay effect aftershave. an electric impulse patch + capsule with an hyperconcentrated active ingredient, etc. Direct and simple graphic line. Dark backgrounds, white text.
Simple and direct...for men.

Envase para la línea de Mesoestetic Men. La importancia se da al producto: un aftershave que retrasa el crecimiento del pelo facial, un parche con impulsos eléctricos y una cápsula con un ingrediente activo superconcentrado, etc. Línea gráfica directa y simple. Fondos oscuros, texto blanco.
Simple y directo... para hombres.

MUY MÍO TEAS

Packaging for the tea range from Muy Mío. We used a rubber stamp to name and brand each one of the three teas.

Packaging para la línea de tes de Muy Mío. Usamos sellos de goma para nombrar y marcar cada uno de los tes.

ESPLUGA+ASSOCIATES

espluga.net

HOSTAL EMPÚRIES

Identity for the first hotel in Europe to obtain the LEED Gold Certification (Leadership in Energy and Environmental Design). Based on the "Cradle to Cradle" principle, we used different materials from the hotel's surrounding environment to create the "e" logo, the initial letter of "empúries".

Identidad para el primer hotel en Europa con la Certificación LEED Gold (Lider en Arquitectura y Diseño sostenible). Basado en el principio de la filosofía "Cradle to Cradle" (De la cuna a la cuna), usamos diferentes materiales del entorno del hotel para crear la "e" del logo, la letra inicial de "empúries".

hostal*spa*empúries

MARIO ESKENAZI

m-eskenazi.com

Design Studio establish in Barcelona. Our basic principles are clarity, simplicity and conviction that functional needs and emotional needs require equal concern.

From the beginning we decided to keep a small structure, three designers (Mario Eskenazi, Dani Rubio and Jaime Vicente) and a secretary/administrative assistant (Gemma Capdevila). This structure allows us to develop custom personal projects, for a select group of clients.

Usually we work with other creative specialists like industrial designers, interior designers, photographers, experts in digital media, etc. enabling the formation of groups for specific projects.

Mario Eskenazi studio is responsible for the identity of Banc Sabadell, Barcelona pel Medi Ambient, Transports Metropolitans de Barcelona, Mou TV, Bus, graphics for exhibitions and catalogs for Palau Robert (Ferran Adriài el Bulli, 50 anys dels premis Delta, MVM, etc.), packaging for Evax, and publishing house projects for Ediciones Paidós, Planeta, as well as the sign for Antoni Tapies Foundation (Fundación Antoni Tápies), International Convention Center (Centro Internacional de Covenciones (Forum)).

Estudio de diseño establecido en Barcelona. Nuestros principios básicos son claridad, simplicidad y el convencimiento de que las necesidades funcionales y las respuestas emotivas requieren igual consideración.

Desde el principio decidimos mantener una estructura pequeña, tres diseñadores (Mario Eskenazi, Dani Rubio y Jaime Vicente) y una secretaria/administrativa (Gemma Capdevila). Esta estructura nos permite desarrollar proyectos personales, a medida, para un selecto grupo de clientes.

Usualmente colaboramos con otros especialistas creativos como diseñadores industriales, interioristas, fotógrafos, expertos en medios digitales, etc., pudiendo formar equipos para proyectos particulares.

El estudio Mario Eskenazi es responsable de la identidad de Banc Sabadell, Barcelona pel Medi Ambient, Transports Metropolitans de Barcelona, Mou TV, Bus, gráficas para exposiciones y catálogos para Palau Robert (Ferran Adrià i elBulli, 50 anys dels premis Delta, MVM, etc.), packaging para Evax, y proyectos editoriales para Ediciones Paidós, Planeta, así como la señalización de la Fundació Antoni Tápies, Centro Internacional de Covenciones (Forum).

Team: Gemma Capdevila, Jaime Vicente, Mario Eskenazi y Dani Rubio.

MARIO ESKENAZI
m-eskenazi.com

designers: Mario Eskenazi,
Dani Rubio, Jaime Vicente

MORDISCO

The concept for the identity of Mordisco restaurant is based on its name. An alphabet whose letters are missing pieces is adapted, like a metaphor of a bite. Additionally, a series of pictograms is created with the remaining pieces. The combination of the typography and the pictograms produce a system that is the foundation of the identity.
The green color alludes to the garden inside, where the main room is located. This garden projects the feature with a series of phrases and information of the restaurant, giving it a unique character to the building.

El concepto para la identidad del restaurante Mordisco se basa en su nombre. Se adecua un alfabeto a cuyas letras le faltan trozos, como metáfora del bocado. Además, se crea una serie de pictogramas con los trozos restantes. La combinación de la tipografía y los pictogramas genera un sistema que es la base de la identidad.
El color verde hace referencia al jardín interior, donde está la sala principal. Este jardín se proyecta en la fachada con una serie de frases y datos del restaurante, dando así un carácter único al edificio.

MARIO ESKENAZI
m-eskenazi.com

ABCDEFGHIJKLM
NOPQRSTUVWXYZ

MARIO ESKENAZI
m-eskenazi.com

MARIO ESKENAZI
m-eskenazi.com

MARIO ESKENAZI

m-eskenazi.com

designers: Mario Eskenazi, Dani Rubio, Jaime Vicente

FERRAN ADRIÀ I ELBULLI

The identity of this exhibition, as well as the promotional materials, is based on Ferran Adrià's face and the main elements that represent el Bulli and his way of doing and conceptualizing, graphic treatments with a series of lines that suggests the interrelationships that Ferran Adrià works with. This is expanded in the exhibition by a timeline that it crosses.

La identidad de esta exposición, así como todo el material de promoción, se basa en la cara de Ferran Adrià y en los principales elementos que representan a elBulli y a su manera de hacer y conceptualizar, tratados gráficamente con una serie de líneas que sugieren las interrelaciones con que Ferran Adrià trabaja. Esto se extiende en la exposición a través de un timeline que la recorre.

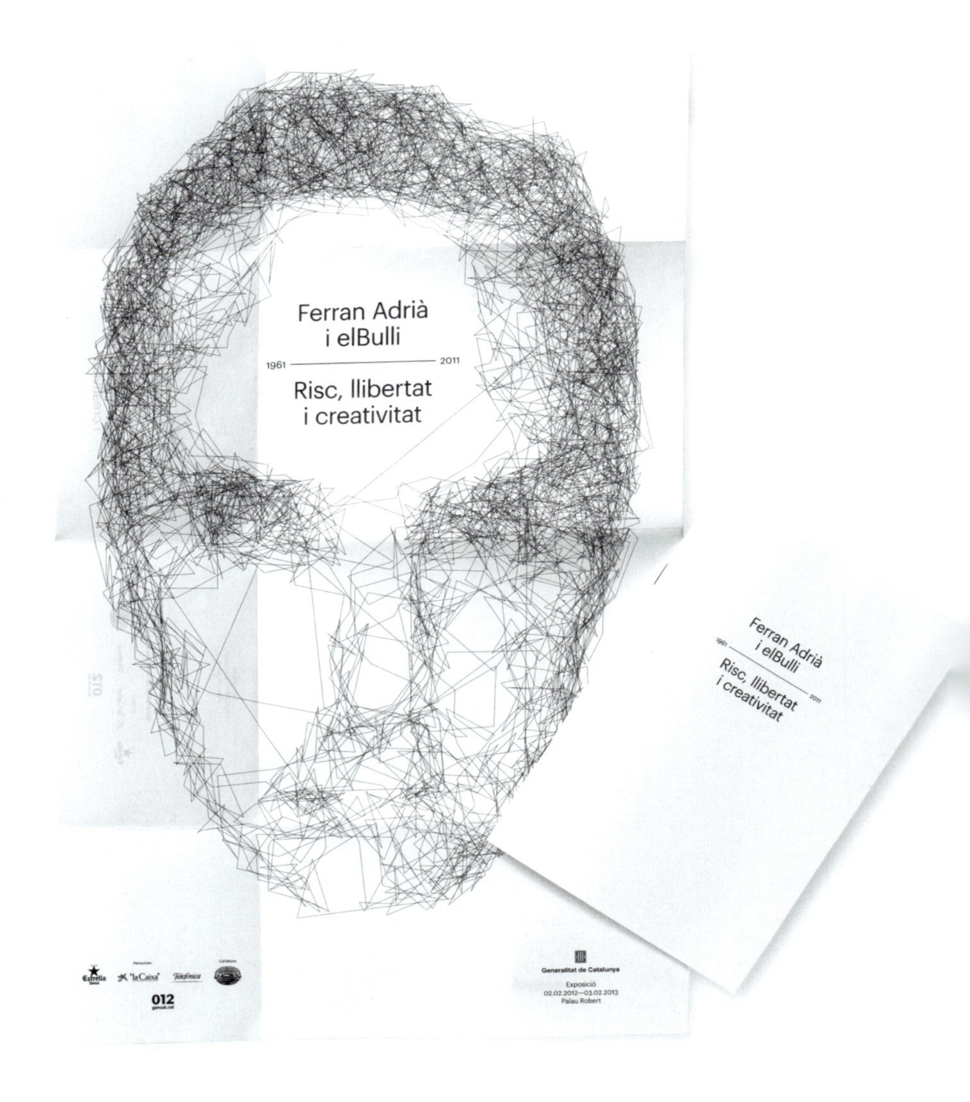

MARIO ESKENAZI
m-eskenazi.com

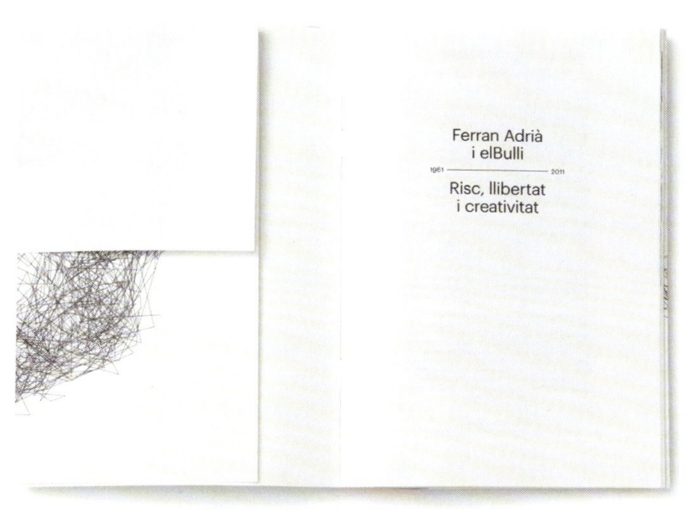

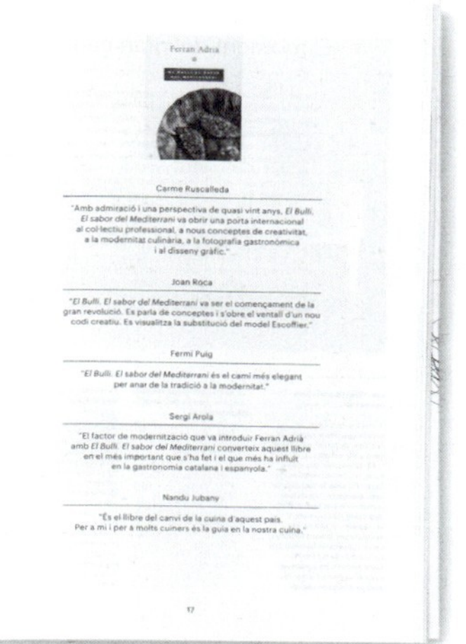

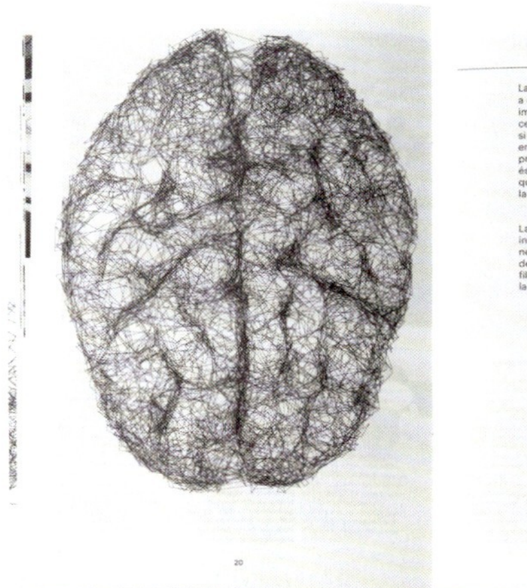

MARIO ESKENAZI
m-eskenazi.com

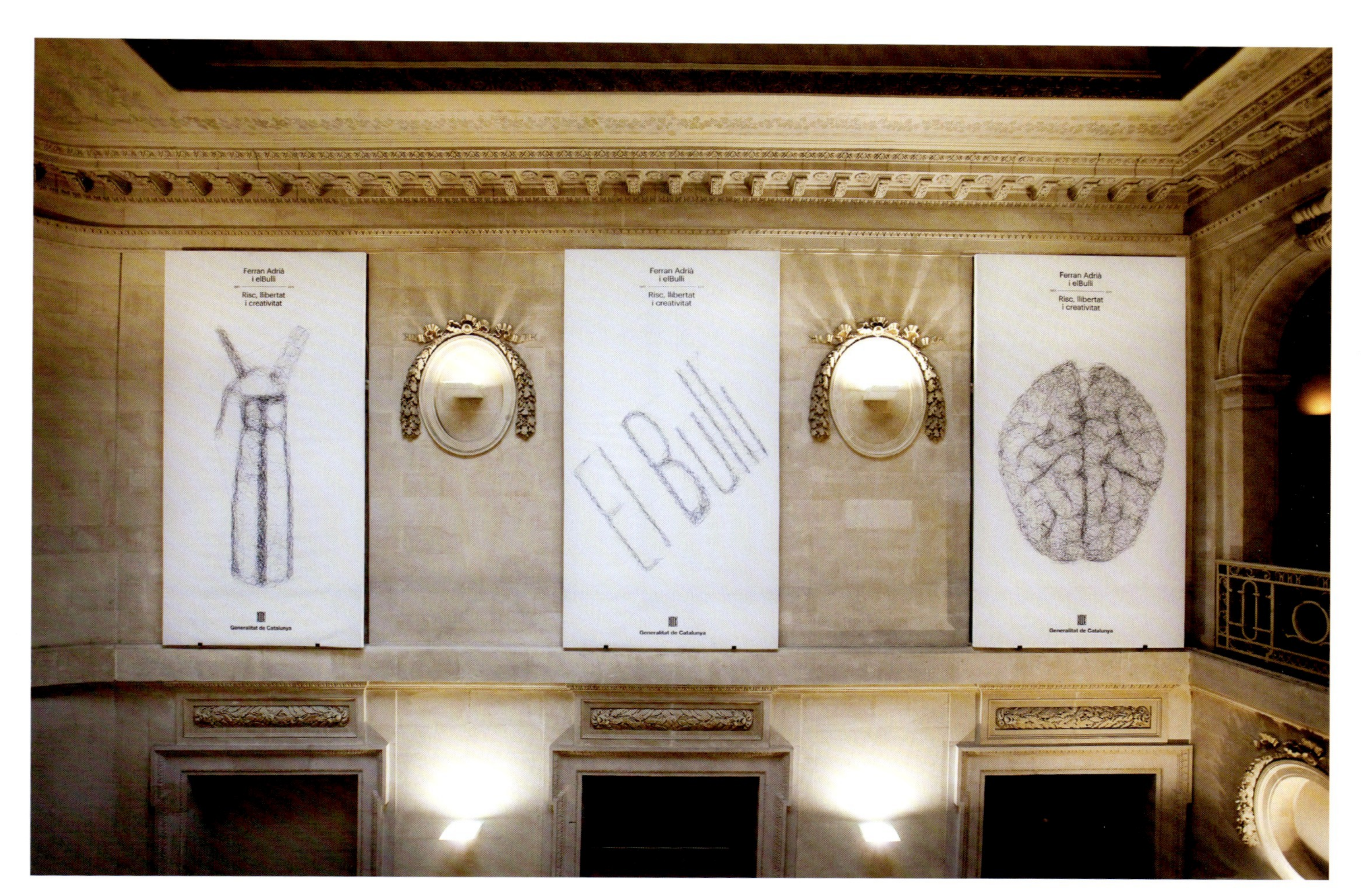
Ferran Adrià
i elBulli
Risc, llibertat
i creativitat
Generalitat de Catalunya
Ferran Adrià
i elBulli
Risc, llibertat
i creativitat
ElBulli
Generalitat de Catalunya
Ferran Adrià
i elBulli
Risc, llibertat
i creativitat
Generalitat de Catalunya

A la recerca
d'un estil

Ferran Adrià
i elBulli
1961
2011
Risc, llibertat
i creativitat
Exposició
Palau Robert
Generalitat de Catalunya

MARIO ESKENAZI
m-eskenazi.com

designers: Mario Eskenazi, Dani Rubio

BAR TOMATE

The identity of this restaurant responds to interior design: different tables and chairs of different wood. That is why different fonts of wood were used to compose the name of the place and the different graphic pieces (menus, table cloths, postcards, etc.).

La Identidad de este restaurante responde al interiorismo: diferentes mesas y sillas de diferentes maderas. Por esto se usaron diferentes tipografías de madera para componer el nombre del local y las diferentes piezas gráficas (cartas, manteles, postales, etc.).

COC
KTA
ILS*

Kir Royale. Cassis, champagne.
Bloody Tomate. Nuestra versión de bloody mary.
Dry Martini. Ginebra, Martini dry.
Cosmopolitan. Vodka, cointreau, lima, arándano.
Ginger Mojito. Ron, hierba buena, jengibre, limón.
Caipiriñha. Cachaça, azúcar, lima o fresa o mango o maracuyá.
Caipiroska. Vodka, azúcar, lima o fresa o mango o maracuyá.
Frozen Daiquiri. Ron, limón, azúcar o fresa o mandarina o maracuyá.
Frozen Margarita. Tequila, cointreau, limón o fresa.
Pisco Sour. Pisco, limón, clara de huevo, azúcar.
Piña Colada. Ron, piña, coco.

SIN ALCOHOL

Virgin Tomate. Nuestro tomate preparado.
Vitamina. Mandarina, fresa, naranja, piña.
Caipiroska y Mojito. También sin alcohol.

***8,00 euros**
IVA 7% incluido

ZUMOS NATURALES
Naranja **3,75**
Naranja y zanahoria **3,75**
Licuado de frutas **4,25**

BOLLERIA
Croissant de mantequilla **1,30**
Muffin de frutas **3,50**
Tarta de queso **4,00**
Plum cake **2,00**
Tostadas con mermelada natural **2,25**

BOCADILLOS
Queso semi manchego **3,00**
Longaniza **3,00**
Jamón ibérico **4,50**
Brie, rúcula y tomate seco **2,75**
Bikini de queso, trufa y jamón **4,00**

BANDEJAS
Café con leche + huevos fritos con bacon **7,50**
Mini bolleria + café con leche + mini zumo natural **4,00**
Mini bocadillo + café + mini zumo **4,25**

IVA 7% incluido

TAPAS
De 11.00 a 24.00 h.

Alcachofas fritas **4,00**
Croquetas de jamón **3,50**
Jamón ibérico, coca de cris con tomate **9,00 / 18,00**
Tomate, cebolla tierna y atún **5,00**
Patatas bravas **4,50**
Patatas buthán **5,00**
Espárragos en tempura, salsa romesco **5,00**
Calamares andaluza **6,00**
Mejillones de roca a la crema **6,00**
Berberechos al vapor, salsa Espinaler **8,00**
Gambas al ajillo **12,00**
Langostinos crujientes, cebolla tierna **4,00**
Provolone al horno de leña, tomate confitado y pesto **6,0**
Alitas de pollo **5,00**

MARIO ESKENAZI
m-eskenazi.com

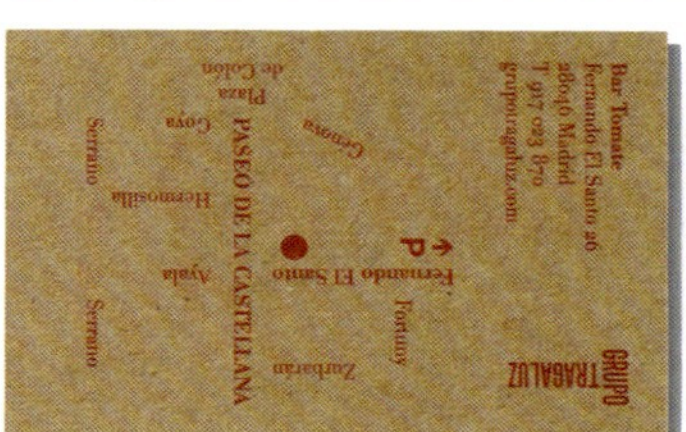

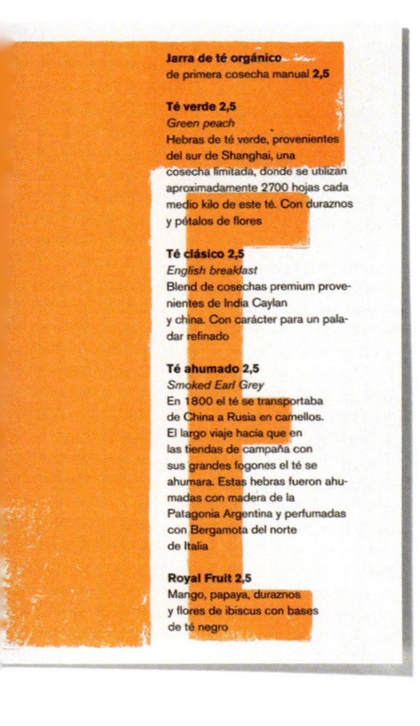

TINTO

	🍷 Botella	Copa
La Vendimia. Tempranillo y garnacha. Crianza 2007. Rioja.	14	3,25
Castell del Remei. Gotim bru. Cabernet sauvignon, tempranillo merlot y garnacha. 2006. Costers del Segre.	21	
Abadia Retureta selección especial. Tempranillo, cabernet sauvignon y merlot. 2006. Sardon de Duero.	23	
Marques de Murrieta. Tempranillo, mazuelo y garnacha tinta.	24	4,5
Emilio Moro Finca Resalso. 2007. Tinta fina. Ribera del Duero.	18	
Dehesa Gago. Tinta de toro. 2008. Toro.	17	
Jarra de 1/2 de la casa.	8	3

BLANCO

Petit Caus. Chardonnay, xarelo, macabeo. 2007. Penedés.	14	3
Jose Pariente. Verdejo. 2008. Rueda.	18	
Pazo de Barrantes. Albariño. 2007. Rias Baixas.	24	
Xarello Pairal. Xarelo. 2006. Penedés.	23	
Gramona Gessami. Muscat, sauvignon blanc. 2008. Penedés.	17	
Jarra de 1/2 de la casa.	8	3

ROSADO

Chivite Gran Feudo. Garnacha. Navarra.	13	
Gran Caus. Merlot. 2005. Penedés.	20	
Jarra de 1/2 de la casa.	8	3

CAVA Y CHAMPANGNE

Cava Gramona. Brut Imperial. Xarel.lo, macabeo, chardonnay. Gran reserva 2005.	24	
Moet & Chandon. Brut Imperial.	55	
Moet & Chandon. Brut Imperial Rosee.	58	

IVA 7% incluido

MARIO ESKENAZI
m-eskenazi.com

BAR
TOMATE
BAR TOMATE
DESAYUNOS
BAR TOMATE
COPAS
BAR TOMATE
COMIDAS
BAR TOMATE
VINOS
BAR TOMATE
TAPAS

heystudio.es

Hey is a multidisciplinary design studio based in Barcelona, specializing in brand management and editorial design, packaging and interactive design.
We share the profound conviction that good design means combining content, functionality, graphical expression and strategy.
As a result, we offer our clients a personal service based on mutual understanding and trust, working to innovate from rationality and directing advice to meet actual needs.

Hey es un estudio de diseño multidisciplinar ubicado en Barcelona y especializado en gestión de marcas y diseño editorial, presentación y diseño interactivo.
Estamos totalmente convencidos de que un buen diseño consiste en la combinación de contenido, funcionalidad, expresión gráfica y estrategia.
Como resultado, ofrecemos a nuestros clientes un servicio personal basado en la confianza y el entendimiento mutuos. Trabajamos para innovar desde la racionalidad y el asesoramiento a la dirección con el fin de satisfacer las necesidades reales.

HEY
heystudio.es

design: Hey
creative director: Cristian Jofre
photography: Roc Canals

FILM COMMISSION CHILE

The Film Commission Chile was created to promote Chile as a movie production destination, to help choosing locations, to provide all kind of services and a link between government and private companies. FCCh's visual identity is inspired in a precise artifact: the duct/gaffer tape. The tape is omnipresent in the world of movie production. Tapes unite, join, mark, hold, point, remind and help to work. Due to its flexibility, the lines and shape of the tape resemble the classic movie celluloid film. The image is drawn up in different directions, taking us to a dynamic universe that conceptually speaks about the FCCh linking mission. The variations in the color palette represent the diversity of landscapes we can find in the Chilean territory.

Debido a las particularidades y las ventajas que ofrece Chile a la industria audiovisual, el Consejo de la Cultura y las Artes, junto a la Cancillería y Prochile, decidieron promover la creación de Film Comission Chile siguiendo el modelo internacional que ya opera con éxito en otros países. El verdadero cine está muchas veces en los detalles. En una mirada, en una frase o en una pequeña escena aparentemente intrascendente. Lo mismo sucede detrás de la cámara. Y también en el diseño. La imagen de la FCCh nace inspirada por un detalle muy concreto: el tape. Omnipresente en el mundo de la producción cinematográfica, el tape une, marca, sostiene, indica, recuerda y ayuda a trabajar. La forma en que se representa este tape nos recuerda por su flexibilidad a la propia película celuloide, característica de la bobinas de cine. La imagen que se traza hacia distintas direcciones nos remite a un mundo dinámico, y conceptualmente nos habla de la figura de la FCCh como enlace entre todos los sectores implicados en una producción de cine. Las variaciones en el código de colores representan la variedad de paisajes que podemos encontrar en el territorio chileno.

HEY
heystudio.es

HEY
heystudio.es

FILM COMMISSION CHILE

HEY
heystudio.es

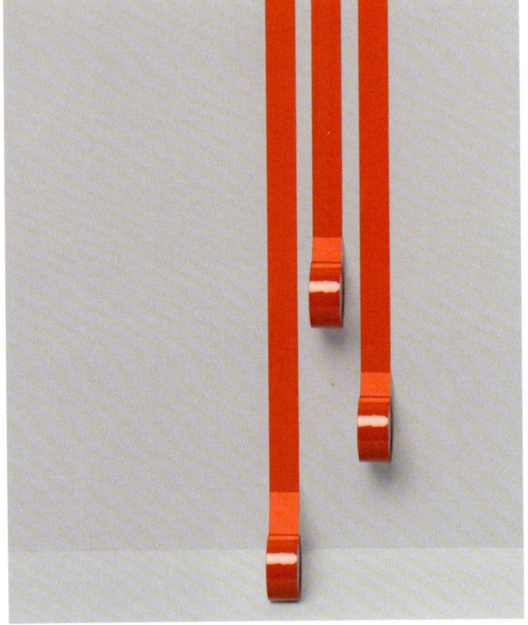

SENYOR ESTUDI

senyorestudi.com

Custom suits and tailoring.

Señor Estudio, is a small interdisciplinary workshop that Luís Serra, graphic designer, and Mireia Sais, industrial designer, fuse our knowledge to solve projects in an artistic way, taking care of the small details and finishes. Partners and studio companions, we alternate creating packaging with changing diapers, resolving corporate identities with the crying and production sessions with play areas.

Trajes a medida, se hacen arreglos.

Señor Estudio es un pequeño taller interdisciplinario en el que Lluís Serra, diseñador gráfico, y Mireia Sais, diseñadora industrial, fusionamos nuestros conocimientos para resolver proyectos de una manera artesanal, cuidando los pequeños detalles y los acabados. Pareja y compañeros de estudio, alternamos la creación de packagins con cambios de pañales, la resolución de identidades corporativas con llantos y las sesiones de producción con rincones de juego.

SENYOR ESTUDI
senyorestudi.com

creative group: Senyor Estudi
designer: Lluís Serra Pla

RUFA

Paellas, menus and cool beers are the main claims that the terraces make with their blackboards full of an exuberant and personal calligraphy.
To create the labels for this Empordan beer, the calligraphic style of a small Costa Brava beach bar has been revived.

Paellas, menús y cervezas frescas son los principales reclamos que las terrazas reflejan en sus pizarras con caligrafías exuberantes y personales. Para hacer la etiqueta de esta cerveza ampurdanesa se recuperó el estilo caligráfico de un pequeño chiringuito de la Costa Brava.

SENYOR ESTUDI
senyorestudi.com

creative group: Senyor Estudi
designer: Lluís Serra Pla

OCTUBRE

October, the time when this wine was born, when the poetical death of the vineyard and its surrounding countryside commences. Recycled papers in a variety of earthy shades, folded and creased, give shape to these sheets with a Mediterranean character. Project executed within the framework of the "Festa del Grafisme de Portbou" –Portbou Graphics Festival–.

En octubre, momento en que nace este vino, es cuando comienza la muerte poética de la viña y el paisaje que lo rodea. Papeles reciclados de diferentes tonos terrosos, plegados y arrugados, dan forma a hojas de tipo mediterráneo. Proyecto realizado en el marco de la Fiesta del Grafismo de Portbou.

SENYOR ESTUDI
senyorestudi.com

creative group: Senyor Estudi
designer: Lluís Serra Pla

LA VINYETA

Using the same double meaning of the winery's name – La Vinyeta is a small vine, but also the fragment of a story, a vignette– all the wines are developed as if they were pieces in the same story. Once upon a time... the typical begining of so many stories, tales and fables, gives life to the young wines of La Vinyeta, the Heus wines. Then com the Llavors wine, this story development, and finaly this story ends with Punt i apart, a new chapter. Highly structured with regard to the naming, each wine has undergone a totally different graphic developement. Each one generates its own discourse, only connected via a graphic element, a small asterisk that connects them all. The identity shows this typographic variety.

Partiendo del propio juego de palabras que tiene implícito el nombre de la bodega -una viñeta es una viña pequeña pero al mismo tiempo es un fragmento de una historia- todos los vinos de esta bodega se estructuran como si fueran palabras de un mismo relato. Heus aquí una vegada... como empezaría cualquier cuento popular catalán ("Érase una vez...") da nombre a los vinos jóvenes, los "Heus". Entonces aparece el vino "Llavors" (Entonces), para seguir desarrollando la historia hasta que finalmente el "Punt i apart" (Punto y aparte) culmina el relato. Muy estructurado a nivel de naming, cada vino tiene una gráfica totalmente diferente. Únicamente un asterisco relaciona los diferentes vinos. La imagen de la bodega muestra esta variedad tipográfica.

SENYOR ESTUDI
senyorestudi.com

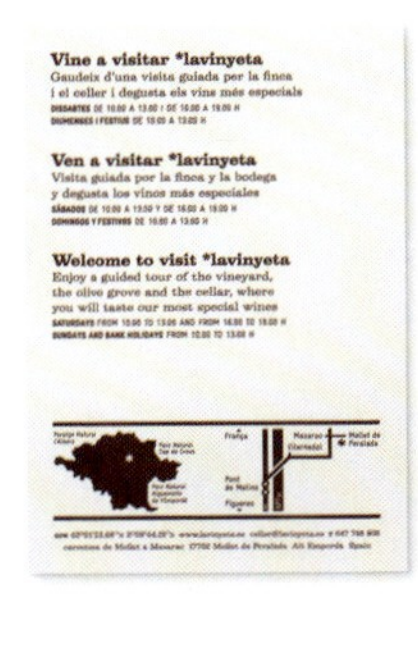

SENYOR ESTUDI
senyorestudi.com

creative group: Senyor Estudi
designer: Lluís Serra Pla

SERRAPLÀ

Based on the duality that offers the very name of these butchers-Serra i Pla, mountains and plains, we develop a graphical code manipulating phrases and sayings.

Partiendo de la dualidad que ofrece el propio nombre de estas carnicerías -Serra i Pla, sierra y llanura- se desarrolla un código gráfico manipulando frases hechas y dichos populares.

NO FACIS
L'ÀNEC
COMPRA'L FET!

MEREIXES UN BON
ADOBAT

FUM-LI
BOTI
FARRA!

Carrer Nou 56
17600 Figueres
972 512 285
Ramon i Cajal 6
17600 Figueres
972 505 323
Doctor Callís 12
17488 Cadaqués
972 258 340
CARNISSERIES
serraplà
www.serra-pla.com

LLONGANISSES
HI HA MENYS DIES QUE
ET MEREIXES UN BON
ADOBAT
NO TENIM DEPENDENTS, TENIM
FILETS!
FUM-LI
BOTI
FARRA!
NO EM TOQUIS
ELS OUS!
AIXÒ SÍ QUE SÓN
CUIXOTS!
NO FACIS
L'ÀNEC
COMPRA'L FET!

SENYOR ESTUDI
senyorestudi.com

creative group: Senyor Estudi
designer: Lluís Serra Pla

SENYOR ESTUDI

You don't have to be rich to be a Señor. Under this premise our small workshop 'Senyor Estudi' -Señor-Studio is born. Here we defend clear values, seeking quality and custom made projects over quantity and standardization. Our identity is formed by a large variety of mustaches printed on coupon paper, a document that is rapidly disappearing, but that was used in the last century. Using the press of a unique impression and the use of different colored paper, we obtain all of our stationery.

Usted no tiene que ser rico para ser un señor. Bajo esta premisa nuestro pequeño taller 'Senyor Estudi' -Señor-Studio nace. Aquí defendemos valores claros, apostando por la calidad y hecho a la medida los proyectos sobre la cantidad y la normalización.
Nuestra identidad está formada por una gran variedad de bigotes impresos en papel de libreta de cupones, un documento que está desapareciendo rápidamente, pero que se utilizó mucho en el último siglo. Utilizando una plancha de impresión único y el uso de diferentes papeles de colores, obtenemos toda nuestra papelería.

SENYOR ESTUDI
senyorestudi.com

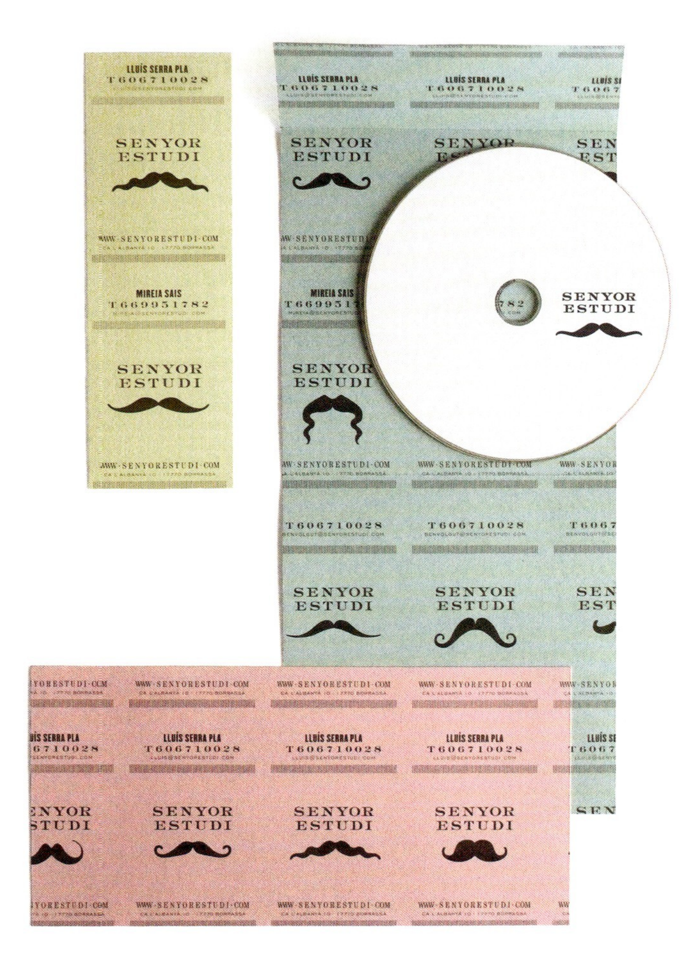

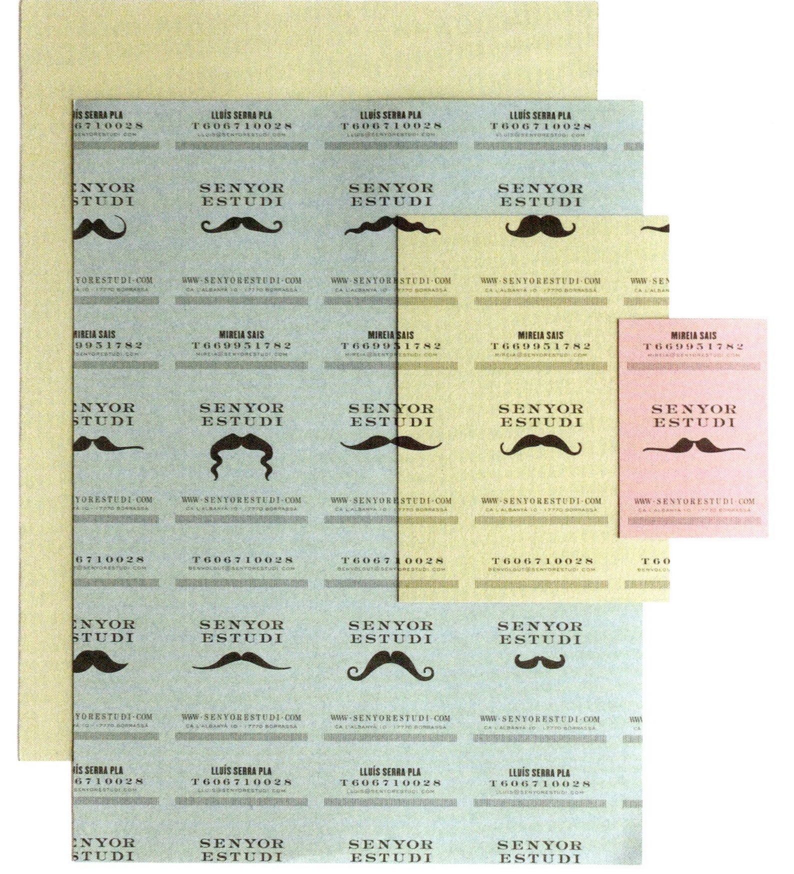

LAURA MESEGUER

laurameseguer.com

Typography and Graphic Designer, as well as designer of types of fonts, working at the main office in Barcelona. She specializes in typographic design and the design of custom made fonts or characters, from a monogram to a family of complete types. Her activity develops in the commercial work environment as well as personal projects. Through her own fonts, Type-Ø-Tones, she publishes and promotes all of her designs of types.

Diseñadora gráfica y tipógrafa, además de diseñadora de tipos de letra, que trabaja con sede en Barcelona. Está especializada en diseño tipográfico y en el diseño de letras o caracteres a medida, desde un monograma hasta una familia de tipos completa. Su actividad se desarrolla en el ámbito de trabajos comerciales así como en proyectos personales. A través de su propia fundición, Type-Ø-Tones, publica y promueve todos sus diseños de tipos.

tipogra

LAURA MESEGUER

lauramesegueur.com

type designer: Laura Meseguer

GUAPA

Guapa is a font that devised by a personal experiment: the transformation of the geometric sans serif "to Futura style" in an enchanting modern Post-Decó design. It was custom designed for the poster that formed part of the exhibition of Pimp the Type. Subsequently, it became a font appropriate for magazine titles, book covers, disks and, even packaging. Initially the family was comprised of a unique type, with discreet mixtures, alternative characters, swashes, initials and some Stylisic Sets. Recently, a new member has been added, Guapa Decó, which the experiment of adding contrast goes a bit beyond the initials of Guapa. The intention of this design was to achieve that decorative effect unique of the typographies in the Art Decó era, "its name from there."

Guapa es una tipografía que nació de un experimento personal: la transformación de una sans serif geométrica "al estilo de Futura" en un encantador diseño moderno Post-Decó. Se diseñó a medida para el cartel que formó parte de la exposición Pimp the Type. Más tarde se convirtió en un tipo de letra adecuada para títulos de revistas, portadas de libros, discos y hasta packaging. Inicialmente la familia estaba compuesta por un solo peso, con ligaduras discrecionales, caracteres alternativos, Swashes, Iniciales y algunos Stylisic Sets. Recientemente se ha añadido un nuevo miembro, Guapa Decó, donde el esperimento de añadir contraste va un poco más lejos que en las Initials de Guapa. La intención de este diseño era conseguir ese efecto decorativo tan propio de las tipografías de la época del Art Decó, «de ahí su nombre».

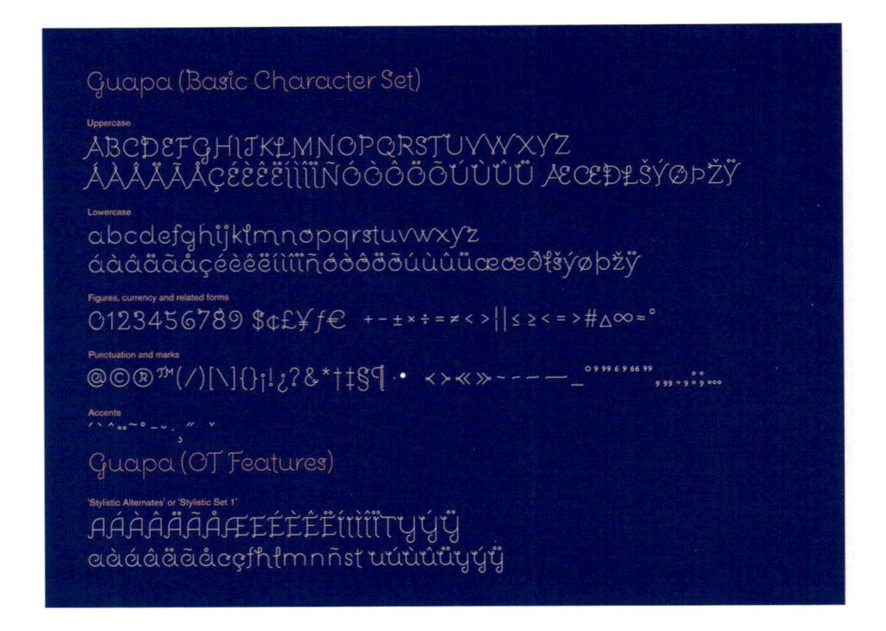

LAURA MESEGUER
laurameseguer.com

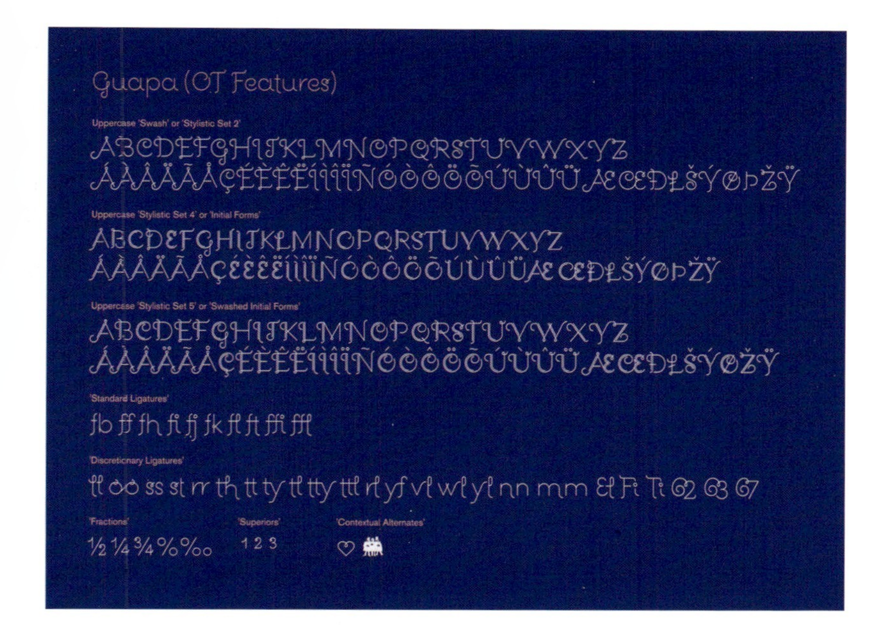

LAURA MESEGUER
laurameseguer.com
bomo.es

type designer: Laura Meseguer
stationery designers: Patricia & Bea (Bomo)

BOMO

Lettering and logo for a designer graphics studio. Patricia Bolinches (BO) and Bea Montañana (Mo) asked me to brand and design the letters and the logo respectively, for the new identity of their studio BoMo. My first idea was to design a stenciled font or a stencil template, but quickly I changed to a font that resembled calligraphy writing, but without the slant. That is how I arrived to Fluidum, a font designed by Alessandro Butti in 1951 for the fused font Nebiolo and I used it as starting point for my own proposal, it will just be three letters with a lot of contrast, a vertical axis, combined together and a clearly differentiating element in regard to other fonts of the same style: the marked loop of the "o" and the ability to devise a monogram with the other two letters "B" and "M."
The elements of BoMo stationery were designed by Patricia and Bea and they were the ones that had the idea to use the waxed seal as a distinctive element, which I designed a special version of the logo with another contrast combination.

Lettering y logotipo para estudio de diseño gráfico. Patricia Bolinches (BO) y Bea Montañana (Mo) me pidieron rotular y diseñar las letras y el logotipo respectivamente, para la nueva identidad de su estudio BoMo.
Mi primera idea fue diseñar una tipografía stencil o de plantilla, pero pronto cambié a una tipografía que recordase a la escritura caligráfica, pero sin inclinación. Así es como llegué a Fluidum, una tipografía diseñada por Alessandro Butti en 1951 para la fundición tipográfica Nebiolo y la tomé como punto de partida para mi propia propuesta, serían solo tres letras con mucho contraste, con eje vertical, ligadas entre sí y con algún elemento claramente diferenciador con respecto a otras tipografías del mismo estilo: el marcado bucle de la "o" y la capacidad de generar un monograma con las otras dos letras "B" y "M".
Los elementos de papelería de BoMo fueron diseñados por Patricia y Bea y fueron ellas las que tuvieron la idea de usar un sello de lacre como elemento distintivo, para lo que diseñé una versión especial del logotipo, con otra relación de contraste.